KRISTIN LAMMERTING
Das Praxisbuch mit Baukasten-system
Gärtnern im englischen Stil
blv

Inhalt

Ein Gartentraum wird wahr

Auf meinen vielen Gartenreisen nach England und nach dem Besuch von über 100 Gärten stelle ich mir seit 25 Jahren immer wieder die brennende Frage: Warum sind englische Gärten so wunderschön?
Englische Gartenbilder prägen sich in unser Gedächtnis ein. Beim Anschauen von Gartenbüchern und Magazinen erkennt man bestimmte Ansichten gleich wieder und kann sie mühelos dem richtigen Garten zuordnen. Es scheint wie mit berühmten Gemälden zu sein: Einmal betrachtet, sind sie unauslöschlich in uns fixiert.
Englischer Garten, das ist ein weiter Begriff. Zunächst denkt man an die herrlichen Landschaftsgärten. In diesem Buch aber geht es um den englischen Garten des 20. Jahrhunderts oder den architektonischen Garten in England, hier im Buch kurz als englischer Garten bezeichnet. Das hört sich wissenschaftlich streng an für die herrlichsten Gärten der Welt, die unzählige Menschen in ihren Bann ziehen. Das Gestaltungsprinzip dieses englischen Gartentyps ist das Spannungsverhältnis von Ordnung und Fülle, der Kontrast zwischen festen architektonischen Bestandteilen und einer lebendige Fülle an Pflanzenformen, Blüten und Blättern. Die symbolische Grundfigur entsteht aus dem Nebeneinander einer speziellen Architektur des Gartens, seiner Bepflanzung und der innigen Vereinigung beider. Seine ungezwungene Bepflanzung und der Überfluss an Blumen lässt erst bei näherer Betrachtung die Struktur erkennen als ein Grundgerüst aus Hecken, Mauern, Rabatten, Beeten und festen Wegen, die »guten Knochen« des Gartens. Ob aus Stein gebaut oder mit Pflanzen geformt, schaffen sie seine Proportionen, seine Ordnung und seinen Zusammenhang. Ein echter englischer Garten ist formal geplant und unformal bepflanzt. Er ist kein Zufallsprodukt, sondern ein mit Begeisterung geschaffenes eigenes Kunstwerk durch den sensiblen Einsatz von Natur und Struktur.
Der architektonische Garten im englischen Stil weist **vier Hauptmerkmale** auf:

1. Im englischen Garten besteht eine eindeutige **Korrespondenz von Haus und Garten,** der mit seinen »Freilufträumen« eine Fortsetzung des Wohnens ohne Dach darstellt. Der Gartengrundriss wird durch seine architektonischen Strukturen, wie Wege und Treppen, formuliert und die Raum bildenden Elemente Hecken und Mauern formen das vertikale Baugefüge.
2. Der englische Garten besteht aus einer Anzahl von verschiedenen, abgegrenzten und doch miteinander verbundenen **Gartenräumen.** Wie im Haus liegen Wände zwischen den Gartenzimmern, deren Atmosphäre durch Stil, Inhalt und Charakter sehr unterschiedlich sind.
3. **Pflanzen** sind das wichtigste Element der Garteneinrichtung. Vor allem Mehrjährige, wie Stauden und Gehölze, werden zu stimmungsvollen Gartenbildern komponiert und schenken der strengen Architektur die spielerische Leichtigkeit eines lebenden Kunstwerks.
4. **Ein englischer Garten muss englisch sein!** Das klingt vielleicht banal, aber resultiert aus der englischen Gartentradition. Menschen auf den Britischen Inseln sind als »outdoor people« tief mit der Natur verwurzelt. Von großer gesellschaftlicher Bedeutung sind Naturästhetik, gärtnerisches Stilbewusstein und Pflanzenkenntnis. Sie selbst müssen nicht Brite sein, um einen englischen Garten zu verwirklichen. Die tiefe Liebe und Begeisterung für diesen Gartenstil werden Sie beflügeln, Ihr eigenes englisches Meisterwerk zu schaffen.

Mit meinem Buch führe ich Sie in die wissenswerte Theorie des englischen Gartens ein und spaziere mit Ihnen gemeinsam durch meinen englischen Garten in Köln. Danach werden Sie sich einen Garten im englischen Stil wünschen! Meine Analyse englischer Gartenkunst kristallisierte immer wieder ähnliche Strukturen, Aspekte, Pflanzbilder und Details heraus, die ihren unwiderstehlichen Charme ausmachen. Systematisch habe ich Bausteine und Gestaltungselemente für einen englischen Garten zusammengetragen, die für deutsche Gärten anwendbar sind. Aus diesem reichen Fundus an Inspi-

rationen, Ideen und ganz konkreten Beispielen können Sie die »Zutaten«, quasi im Baukastensystem, für Ihren persönlichen Garten im englischen Stil schöpfen. Wählen Sie aus diesem Ratgeber Ihre Lieblingsstrukturen und fügen Sie sie wie in einem Puzzle zu Ihrer eigenen Gartenkreation zusammen. Das Geheimnis ist Ihre Erfindungskraft: Es ist Ihr Garten! Dabei wünsche ich Ihnen, liebe Leser und Leserinnen, britische Gelassenheit und eine gute Portion englischen Humors. Der Garten ist ein wunderbarer Freiraum in einer fordernden Welt und sollte nur eines schenken: Freude! Spielerisch und unverkrampft dürfen Sie sich als Gartenliebhaberin und Gartenliebhaber auf Ihrer Scholle austoben und ein englisches Paradies auf Erden schaffen. Die Gartengröße ist nebensächlich, entscheidend ist die Größe Ihres Gärtnerherzens. Ob Sie sich ein englisches Gartenzimmer einrichten oder ein ganzes Gartenreich im englischen Stil anlegen, Beispielgärten und Detailaufnahmen aller maßgeblichen Gartenelemente bieten Ihnen unendlich viele Möglichkeiten, Ihren eigenen Gartentraum zu realisieren. Möchten Sie einen außergewöhnlichen Garten verwirklichen, sollten Sie sich nicht mit Mittelmäßigkeit begnugen, sondern sich jedem Detail mit Liebe, Lust und Engagement widmen. Das ist keine Frage des Geldes, sondern Ihres persönlichen Stils und ästhetischen Empfindens. Englische Gartenkunst kann lernen, wer Sinn für Natur und Schönheit hat, sich in seiner Kreativität von guten Vorbildern leiten lässt und es sich einfach zutraut: **Just do it!**

Oben: Mein Rosengarten in der Millionenstadt Köln schenkt die Illusion, in einem englischen Dörfchen zu sein. Vorgesetztes Mauerwerk und ein mit Rosen beranktes Dach verstecken eine hässlich verputzte Wand. Der Glockenklang vom Uhrenturm verbreitet stündlich im Garten Landidylle.

Nun wünsche ich Ihnen viel Spaß. Planen, verwirklichen und genießen Sie Ihren Garten im englischen Stil.

Herzlichst Ihre Kristin Lammerting

Kristin Lammerting

Der englische Garten

Etwas Gartengeschichte

Die Geschichte englischer Gartenkunst hat tiefe Wurzeln auf dem europäischen Festland und ist mit den prachtvollen Gärten Italiens enger verbunden, als es die geografische Distanz vermuten ließe. Der italienische Garten ist ein geometrisch angelegter Garten, der im Zusammenhang mit einer Villa entworfen und realisiert wurde. Seine Geschichte reicht bis in die römische Antike zurück. Die Werke des Schriftstellers und Universalgelehrten Plinius des Älteren (23–79 n. Chr.) überliefern als unschätzbare Quelle vor allem naturwissenschaftliches Wissen. Seine Schriften und die seines Adoptivsohnes Plinius des Jüngeren belegen die Grundkonzeption antiker Villen, bei deren Anlage der Garten ein integraler Teil des Gesamtplanes war. In der italienischen Renaissance (15. und 16. Jahrhundert), die als Wiedergeburt der Antike gilt, orientierten sich die Baumeister an historischen Unterlagen. Die »Villa«, ein Gut mit Garten nahe der Stadt, wurde zum Ideal vom Leben auf dem Lande beim Adel und bei den begüterten Bürgern.

Garten als Architektur

Anders als bei den Gärten des Mittelalters, wo die Abgrenzung gegen eine als bedrohlich empfundene Außenwelt eine wesentliche Rolle spielte, sollte die italienische Villa sich der Umgebung öffnen. Das Anwesen wurde möglichst auf einem Hügel errichtet mit dem Ziel, die Landschaft optisch in das Gartenkonzept einzubeziehen. Haupt- und Nebenachsen verbanden einzelne Gartenräume. Der Garten wurde zur Architektur, zum Spiegelbild des Hauses, und in der Hochrenaissance verschmolzen beide zu einer vollkommenen Einheit. Innerhalb des Gartens wurde die Fläche mit geometrischem Grundriss in kleinere Kompartimente aufgeteilt. Immergrüne Hecken und Mauern dienten als Trennwände, und umschlossene Gärtchen, die »giardini segreti«, waren romantische Reminiszenz an den mittelalterlichen »hortus conclusus«. Exakte Beeteinfassungen und Formschnitte aus Buchs und immergrünen Bäumen wurden als natürliche Skulpturen effektvoll integriert und rundeten, ebenso wie antike Statuen, Obelisken und Vasen, den Garten als Gesamtkunstwerk ab.

Englische Bildungsreisende, vornehmlich des Adels, begeisterten sich für die Schönheit italienischer Villen und vor allem ihrer Gärten. Daheim in England ging man gleich zu Werke und übernahm für herrschaftliche Anwesen die Idee einer konzeptionellen Einheit von Haus und Garten. Im 16. und 17. Jahrhundert wurden zahlreiche formale Gärten in der Tradition italienischer Renaissance-Anlagen realisiert. Als englische Besonderheit entwickelten sich Knotengärten. Diese Parterregärten bestanden aus Miniaturhecken, die gepflanzt und geschnitten das Bild lockerer Ornamentknoten ergaben. Vor allem in der Zeit Heinrichs VIII. waren im Kunsthandwerk Knotendarstellungen in jeglicher Form äußerst beliebt, ja man könnte von einer wahren »Knotomanie« sprechen. So nimmt es nicht wunder, dass der Knoten auch Einzug in die Gärten hielt. Knotengärten wurden durch Broderie-Parterres abgelöst, die wie Stickereien anmuten und große Flächen mit kurz geschnittenem Buchsbaum in Form von aufwendigen Mustern füllen. Sie sind uns heute noch aus Barockgärten bekannt, und der Knotengarten erlebt gerade seine Renaissance.

Oben: Der Landschaftsgarten von Stourhead präsentiert sich als irdisches Arkadien. Meisterlich inszenierte Natur mit schwungvoller Linienführung und scheinbar antiken Bauwerken sind die Zutaten: ein Hochgenuss an gärtnerischer Inszenierung.

Unten: Der Park des Herrenhauses Wilton House ist einer der ersten englischen Landschaftsgärten. Die 1736 im italienischen Renaissancestil erbaute Brücke überspannt das Flüsschen Nader: Palladio lässt grüßen.

Links: Machtvolle Solitärbäume, Seen mit geschwungenen Ufern und ein ferner Tempelbau sind Grundzutaten für den englischen Landschaftsgarten, der an elysische Felder erinnern soll.

Die Idee der Landschaftsgärten

Ab etwa 1720 fielen die formalen Gärten auf den Britischen Inseln in Ungnade. Als Reaktion auf die strenge Geometrie und die »Tyrannei der geraden Linie« formierte sich Widerstand in den Reihen angesehener Schriftsteller um den Dichter Alexander Pope, und sie gaben den neuen Vorstellungen des Landschaftsgartens das intellektuelle Fundament. Die gebildete Schicht des 18. Jahrhunderts solle bei der Gestaltung ihres Landes den Traum von Arkadien anstreben, den griechischen Landschaftsmythos vom irdischen Paradies: der Sieg der Natur über die Kunst. Die Natur solle von Zwängen befreit und nachgeahmt werden, als habe sie sich selbst frei entfaltet. Der fortschrittliche Garten spiegelte eine idealisierte Landschaft wider. Aus der Antike entlehnte Monumente sowie Tempel dienten als Blickfang. Galt der Garten bislang als architektonische Fortsetzung des Hauses, sollte jetzt umgekehrt die Natur bestimmend sein. Die radikale Abkehr von allem Gewesenen breitete sich als universelles Postulat aus. Parterres, Formgehölze und Alleen wurden weggerissen, um Platz zu machen zugunsten der neuen Mode von geschwungenen Wegen, Seen und modellierten Wiesen. Nur wenige Gärten der vorherigen Stilepoche überlebten den sogenannten »Siegeszug der Natur«. Ein Beispiel ist Levens Hall. In der geografischen Abgeschiedenheit der Grafschaft Cumbria überlebten, wie in einem Exil, die jahrhundertealten, mächtigen Topiary-Gestalten aus Eibe und Buchsbaum und sind dort heute noch zu bestaunen.
Professionelle Landschaftsarchitekten eroberten die Gunst betuchter und ehrgeiziger Landbesitzer. Der Einfluss von William Kent, der als Maler und Bühnenbildner in Italien gearbeitet hatte, war bahnbrechend. Aus Kanälen machte er Seen mit geschwungenen Uferlinien, gruppierte Bäume zu Blickfängen, ganze Landschaften wurden zur theatralischen Bühne.

»Capability« Brown

Ab Mitte des 18. Jahrhunderts avancierte Lancelot »Capability« Brown (1716–1783) zum Star der englischen Gartenwelt. Seine eifrigen Bemühungen im Finden von Möglichkeiten (capabilities) zur Umgestaltung vorhandener alter Gartenanlagen in den neuen Stil, verhalfen ihm zu seinem Beinamen. Er komponierte auf riesigen Arealen malerische Landschaften mit majestätischen Baumgruppen, formte Hügel und erhob die Serpentine zum Schönheitsideal für Seeufer und Wege. Zu seinen bekanntesten Werken gehören die Gärten von Schloss Blenheim und Stowe. Als »allgegenwärtiger Magier«, der an über 170 Gartenbauprojekten beteiligt war, hatte er maßgebenden Einfluss auf die Entwicklung der Parks im englischen Stil. Brown verwandelte ganze Landstriche im Süden Englands zur Parklandschaft, wo für den perfekten Blick auch schon mal ein Dorf weichen musste. Ein Zeitgenosse witzelte, er wünsche im Himmel zu sein, bevor Brown dort alles verändere.
Das Pendel jeder Mode schlägt irgendwann in die entgegengesetzte Richtung. Am Ende des 18. Jahrhunderts hatte das Ideal des englischen Landschaftsgartens seinen Zenit überschritten. Im 19. Jahrhundert entdeckten die Engländer wieder den Reiz einer kleinteiligen Gestaltung des Gartens in Hausnähe. Die Rückbesinnung auf die älteren Formen der Gartengestaltung begründeten einen neuen, wiederum formalen Gartentypus, der neben dem Landschaftsgarten einen ebenbürtigen Beitrag Englands zur Geschichte der Gartenkunst darstellt: der architektonische Garten des 20. Jahrhunderts.

Der architektonische oder formale Garten in England

Dieser Leittyp des englischen Gartens im 20. Jahrhundert hat viele Bezeichnungen. In England wird er gerne einfach als »formal garden« tituliert. Für mich ist es der architektonische Garten oder ein »Garten im englischen Stil«, und manchmal bezeichne ich ihn in diesem Buch nur kurz als »englischen Garten«.

William Robinson

William Robinson (1838–1935) war einer der wichtigsten Wegbereiter der englischen Gartenkunst des 20. Jahrhunderts. Er war ein irischer Gärtner und großer Pflanzenkenner. Als Journalist und Autor verfasste er später mehrere Klassiker der Gartenliteratur und bezeichnete sich selbst als »flower gardener«. Seine Ausbildung zum Gärtner begann er in jungen Jahren und arbeitete auf einem irischen Landgut. Dort war er für die zahlreichen Glashäuser verantwortlich, in denen bunte Einjährige, die meist tropischer Herkunft waren, für die modischen Massenpflanzungen gezogen wurden. Im bitterkalten Winter 1861 ließ er das Feuer der Heizung ausgehen und alle mühsam künstlich aufgepäppelten und von ihm ungeliebten Pflanzen starben. Zufall oder Absicht? Auf jeden Fall verließ er daraufhin Irland, um im Botanischen Garten des Regent's Park in London die Verantwortung für dauerhafte Stauden und britische Wildpflanzen zu übernehmen. Vehement bekämpfte er fortan die viktorianischen Teppichbeete, die mit grellen Farbspielen einjähriger Blumen, in akkuraten Mustern angeordnet, en vogue waren und die Weltmacht des britischen Empire in Gärten und Parks demonstrierten.
Robinson schreibt, es sei nicht einfach gewesen, der »falschen und scheußlichen Kunst kurzlebiger Blütenpracht der Beetsysteme mit sich immer wiederholenden schreienden Farben« zu entkommen. Er studierte die Schönheit einheimischer Pflanzen und wurde im Alter von 29 Jahren Mitglied der Linné-Gesellschaft, der auch Charles Darwin angehörte. Fortan widmete er sich dem Schreiben und verfasste sein einflussreiches Buch »The Wild Garden«. Darin befürwortete er, Wildstauden in den Garten zu integrieren und einen sanften, dem Ort angepassten Umgang mit Farben und Farbkompositionen. Sonnige Plätze verlangen sonnige Farben, während den schattigen eher gebrochene Farbtöne, wie zartes Gelb und Grün oder kaltes Weiß, vorbehalten waren. Robinson erklärte, guter Geschmack bestehe im Befolgen von Naturgesetzen.
Seine Vorstellungen eines »wilden Gartens« entwickelte William Robinson in seinem Buch »The English Flower Garden« weiter. Er forderte bisherige Gartentraditionen heraus und entwickelte neue Vorstellungen, die wir heute als selbstverständlich annehmen. Sein Markenzeichen waren die Staudenrabatten, in die er auch Sträucher, Halbstauden und Zwiebelpflanzen integrierte. Robinson riet zu einer dichten Bepflanzung, die keine nackte Erde sehen lässt. Heute bezeichnen wir Pflanzen, die den Platz zwischen höheren ausfüllen als Bodendecker. Robinson empfahl Gruppenpflanzungen als lineare Beetstruktur, die sogenannten Drifts. Als »Alternativer« forderte er zwar naturnahe Gärten, die sich aber in der Pflanzenwahl nicht nur auf einheimische Arten beschränken sollten. Vielmehr könne man klimatisch angepasste Pflanzen aus aller Welt sinnvoll integrieren. Die eigene Form jeder Pflanze mache ihre Schönheit aus, und wenn sie sich an ihrem Standort wohlfühle, könne sie ruhig auswildern. Gerne nutzte er sie, um Übergänge vom Garten in die Landschaft weicher zu gestalten, wie Wiesenränder, Uferzonen und Waldöffnungen. Sie durften sich über Wegränder neigen und in Fugen ansiedeln. Ein besonders gelungenes Beispiel sind Sämlinge von rotem Baldrian, die sich bis auf die Treppen verbreiten durften, wie auf seinem Landsitz Gravetye Manor.

Gravetye Manor

Das historische Herrenhaus erwarb er 1884 mit finanziellen Mitteln seiner Autorenkarriere und dehnte den Besitz auf

400 Hektar aus. Gravetye wurde die praktische Erfüllung seiner Ideen eines natürlicheren Gartenstils. In die lichten Wälder pflanzte er Drifts von Blausternchen *(Scilla)* und Alpenveilchen *(Cyclamen)* und jedes Jahr Tausende Narzissen. Am Haus unterstrichen terrassierte, gemischte Rabatten seinen Naturstil. Heute können Gartenenthusiasten William Robinsons Gravetye besuchen. Es ist ein wundervolles Landhotel mit exquisitem Restaurant. Der restaurierte Garten atmet auch heute noch den freien Geist des großen Gartenpublizisten. William Robinsons Bestseller erschienen in zahlreichen Auflagen und ermöglichten ihm zwei Gartenmagazine zu etablieren, »The Garden« und »The English Flower Garden«. Sie wurden zum Forum seiner Mission. Seine Ansichten wurden in den neuen Cottage-Gärten begeistert aufgenommen. Die Beliebtheit seiner Bücher begründete sich auch auf seinem Versprechen, ein schöner Wildgarten sei leicht anzulegen und die Verwendung von Stauden sei weniger teuer als die jährliche Anzucht von Einjährigen unter Glas. 1875 hatte er Gertrude Jekyll getroffen, die sich in späteren Jahren zur größten Gartendame Englands entwickelte. Beide harmonierten in ihren Gartendesignprinzipien, und es verband sie über 50 Jahre eine enge Freundschaft und beruflicher Kontakt. Jekyll beschrieb die Leistung Robinsons so: Dank seines unermüdlichen Einsatzes sei die bunte Beetmanie praktisch tot, und er habe der Welt die Augen für die Schönheit von Stauden und einer natürlichen Bepflanzung geöffnet. Sein Credo wirkt nachhaltig bis in die heutigen Gärten Englands.

Sir Reginald Blomfield

»The Formal Garden in England« lautet der Titel des 1892 von dem Architekten Sir Reginald Blomfield (1856–1942) veröffentlichten Buches. Es schuf die Grundlage für den architektonischen Garten des 20. Jahrhunderts in England. Das Buch forderte eine Rückbesinnung auf die Gärten des Mittelalters als logische Erweiterung des Hauses und seiner Räume. Das Gartengrundstück wird durch Hecken und Mauern in geometrische Einzelräume geteilt, die wie die Zimmer eines Hauses in architektonischem und funktionalem Bezug zueinander stehen. Ziel der formalen Gartengestaltung sei es, Haus und Garten in Harmonie zu verbinden und damit Architektur und Natur in Einklang zu bringen. Mit einer Fülle von Zeichnungen historischer Gärten übte das Buch eine anhaltende Wirkung aus, vor allem weil sich dieser Gartentyp auch auf kleinen Grundstücken realisieren ließ. Es ging im Wesentlichen um Gartengestaltung (garden design) und nicht um Gartenbau

Links: Gravetye Manor war der Landsitz von William Robinson, von dem aus er Gartengeschichte schrieb. Ganz im Sinne des Wegbereiters des naturnahen Pflanzstils dürfen bis heute Spornblumen die Steintreppe erklimmen.

Rechts: Great Dixter ist seit 100 Jahren für seine spektakulären Border im Stil von Gertrude Jekyll berühmt. Bis 2006 lebte und wirkte hier Christopher Lloyd, der als Gartenbuchautor mutige Trends weltweit ins Gartenleben rief.

(horticulture). Viktorianisch selbstbewusst stellte der Autor den Architekten als obersten Gartengestalter heraus, dessen Entwurf als ordnende Kraft die Flächen des Gartens vorgebe, die anschließend vom Gärtner zu bepflanzen seien. Ein solches radikale Postulat, der Gärtner als Pflanzenkenner habe sich dem Entwurf des Architekten unterzuordnen, fasste der Naturalist William Robinson als Kampfansage auf. Blomfield und Robinson wetzten verbal ihre Klingen und trugen ihre Kontroversen öffentlich mit hitzigem Schlagabtausch aus. Vordergründig ging es um die Begriffe »formal« oder »natürlich«, tatsächlich stand die Frage der Dominanz von Gärtner oder Architekt zur Diskussion. Wenn sich zwei Herren wie Kampfhähne streiten, ist es gut, wenn eine Dame die Bühne betritt: Gertrude Jekyll! Sie brachte als Lösung die Vereinigung beider Komponenten zustande in Form ihrer Partnerschaft mit Edwin Lutyens. Die Malerin und Pflanzenfrau Jekyll und der Architekt Lutyens wurden gemeinsam zum Traumpaar der englischen Gartenkunst des 20. Jahrhunderts.

Gertrude Jekyll

Gertrude Jekyll (1843–1932) wurde in eine fortschrittlich eingestellte, wohlhabende Familie geboren und wuchs in der Freiheit eines großen alten Gartens auf. Hier lernte sie das Landleben lieben. Ihre liberalen Eltern förderten ihre Individualität und Gertrude studierte Kunst in London. Die vielfach talentierte Studentin erlernte Entwurf, Zeichnen, Malerei und sammelte Wissen über Materialien. Während ihrer Studienzeit entwickelte sich die »Arts and Crafts«-Bewegung in der englischen Kunst, die insbesondere das Design beeinflusste. Als Reaktion auf die viktorianische Ära und die als »seelenlos« empfundenen Massenprodukte der aufblühenden Industrie

Links: Hidcote Manor Gardens sind für ihre »grüne Architektur« berühmt. Mächtige Hecken und ausgefallene Formgehölze, wie hier im Säulengarten, bilden den ruhigen Rahmen für eine große Pflanzenfülle.

Rechts: Die Gärten von Sissinghurst Castle in Kent sind die bekanntesten auf den Britischen Inseln. Gartenräume, wie Vita Sackville-West sie nannte, vereinigen Gebäude und Garten zu einem einzigartigen, sehr persönlichen Raumgefüge.

besannen sich die Künstler und Architekten der Bewegung auf die Qualitäten alten Handwerks. Einfachheit und ernsthafter Umgang mit dem Material waren die zentralen Merkmale der »Arts and Crafts«-Bewegung, deren Lichtgestalt der Maler und Kunstgewerbler William Morris war. Gertrude Jekyll hatte Kontakt zu Morris und verinnerlichte die Grundprinzipien dieser Kunstrichtung.
Die Dreißigjährige stand am Beginn ihrer Karriere zu einer anerkannten Künstlerin, als eine stark ausgeprägte Kurzsichtigkeit sie zwang, die eingeschlagene Laufbahn zu beenden. Sie kehrte aufs Land zurück und widmete sich fortan ausschließlich der Gartenkunst. Weil sie keine professionelle Ausbildung als Gärtnerin hatte, bezeichnete sie sich bescheiden als »working amateur«.

Mixed Borders

Mit großer Passion beschäftigte sie sich mit allen Gartenthemen und schrieb darüber. Gertrude Jekyll lernte 1875 William Robinson kennen und wurde Mitarbeiterin seiner Zeitschrift »The Garden«. Beiden sind die in aller Welt berühmten englischen Staudenrabatten zu verdanken. Als Malerin hatte Jekyll die Farbenlehre studiert. Sie bewunderte William Turners neuartige Kunst und kopierte seine Gemälde, um mehr über dessen meisterlichen Umgang mit Farbe zu lernen. In ihrem Buch über Farbschemata im Blumengarten, »Colour Schemes of Flower Garden«, beschreibt sie den Gebrauch von Farbe im Garten. Das Standardwerk, in dem sie eine Kunstlehre für die Verwendung von Farben im Garten entwickelte, ist bis heute erhältlich. Wie mit dem Pinsel gemalt, entwarf sie sensibel in Farbe und Form abgestimmte Pflanzenkompositionen. Rabatten mit Stauden, Sträuchern und Zwiebelgewächsen, als »mixed borders« bezeichnet, waren Gertrude Jekylls wichtigster Beitrag zur englischen Gartenkunst. Allerdings sollte sie nicht auf ihre wundervollen Rabat-

ten reduziert werden. »Immer ist es mein erstes Bestreben, ein schönes Bild zu schaffen«, ist ihr Postulat und bringt damit die Sichtweise der Malerin in die Gartengestaltung ein. Sie stellt den Architekten nicht infrage, sondern nutzt eine strenge Gliederung und Formalität als idealen Rahmen für ihre Gartenbilder, die in ihrer Komplexität mehr einer Symphonie als einem Gemälde ähnelten. Sie wurde zur Hohen Priesterin englischer Gartenkunst und wird bis heute auf der ganzen Welt bewundert.

Edwin Lutyens

1889 führt eine glückliche Fügung Jekyll, eine stets in Schwarz gekleidete fünfundvierzigjährige Matrone, die eine verblüffende Ähnlichkeit mit Queen Victoria hatte, und den damals zwanzigjährigen Architekturstudenten Edwin Lutyens zusammen. Der junge Mann sollte ihr Domizil Munstead Wood in ihrer früheren Heimtat Surrey bauen. Den Garten hatte sie bereits 1883 selbst angelegt und mit großer Freude an jedem Detail entworfen. Jekyll und Lutyens waren beide beeinflusst von der »Arts and Crafts«-Bewegung und verstanden sich auf Anhieb. In gemeinsamer Planung entstand Jekylls Traumhaus, das völlig in den Garten eingebunden war. Die beiden wurden zum »Garden Dream Team« und schufen in ihrer dreißigjährigen, freundschaftlichen Zusammenarbeit über 100 Gärten. Ein Lutyens-Haus und ein Jekyll-Garten waren um 1900 der Inbegriff feinsten Lebensstils. Lutyens entwarf die Gebäude und die räumliche Ordnung des Gartens, während Jekyll die Bepflanzung plante und immer mit »einem Blick für das Ganze« das Gesamtbild kontrollierte. Wert und Bedeutung von Kontrast und Harmonie zu erkennen, ohne dass Harmonie in Monotonie verkam, darin bestand ihrer beider Kunst. Architekt und Gärtner bekämpften sich nicht, sondern in fruchtbarer Partnerschaft schufen sie Meilensteine der englischen Gartenkunst, die mehr waren als die Summe der Ideen zweier kreativer Gestalter.

Lawrence Johnston

Das Lebenswerk der beiden Trendsetter des architektonischen Gartens wurde zu Beginn des 20. Jahrhundert von ihren Erben auf deren persönliche Weise fortgesetzt. Zwischen

1907 und 1914 schuf Lawrence Johnston den Garten Hidcote Manor in Gloucestershire. Er war ein Amerikaner, der zunächst in Paris lebte und sich dann in den englischen Cotswolds seinen Gartentraum verwirklichte. Als Amateur und Pionier kreierte er eine Serie geschützter, miteinander verbundener Gartenräume mit unterschiedlichen Themen. Die lebende, grüne Architektur aus akkurat geschnittenen Hecken ist bis heute charismatisch. Überzeugend vereinte Johnston in Hidcote, wie schon Jekyll und Lutyens, die Ideale von Robinson und Blomfield und verschmolz sie zu einer Einheit. Er war sowohl ein großer Pflanzenkenner und -sammler als auch ein talentierter Autodidakt mit einem starken Sinn für künstlerische Komposition. Hidcote ist ein Garten von Weltspitze, der bis heute Besucher und Gartengestalter in seinen Bann zieht.

Vita Sackville-West

Die berühmten Gärten von Sissinghurst Castle, südlich von London, sind ein weiteres Beispiel eines architektonischen Gartens, der in den dreißiger Jahren des 20. Jahrhunderts angelegt wurde. Die Schriftstellerin Vita Sackville-West und ihr Ehemann, der Diplomat Harold Nicolson, hatten sich von Hidcote inspirieren lassen und schufen rund um die trostlosen Ruinen von Sissinghurst eine »Aufeinanderfolge von Abgeschiedenheiten«, wie sie es formulierten. Das Paar lebte in seinem Garten, der die versprengten Gebäude verband, wie in einem Haus mit Zimmern im Freien. Es war auch Vita, die den Ausdruck »Gartenräume« prägte. Von Hecken und Mauern umschlossen, schufen sie einzelne Themengärten, von denen der weiße Garten Weltruhm erlangte. Der ruhige Nicolson soll die ausgeklügelten architektonischen Strukturen ersonnen haben, und die exzentrische wie brillante Vita krönte sie mit einer verschwenderischen Fülle an Pflanzen, als gäbe es kein Morgen! In von kleinen Hecken gefasste, geometrische Beete pflanzte sie prachtvolle Blumen, deren unglaublicher Reichtum an Blattfarben und -formen sie faszinierte. Der wundervolle Garten sowie ihre zahlreichen Veröffentlichungen dokumentieren bis heute eindrucksvoll die vibrierende Schaffenskraft der großen englischen Gartenlady.

Gartendesign heute

Zu Beginn des 20. Jahrhunderts, so scheint es, war die Zeit der Gartenpaare, die den Konflikt zwischen Gärtner und Architekt lösten und in Partnerschaft großartige Gärten schufen. Jekyll und Lutyens fuhren in Surrey immer gemeinsam

Links: Ein Border oder eine Rabatte ist die Ikone englischer Gartenkunst. Lang gestreckte Drifts sind mit Tuffs von Stauden und Rosen zu einem farblich und zeitlich abgestimmten Kunstwerk verwoben – eine Symphonie im Garten.

Rechts: Tom Stuart-Smith gewann auf der Chelsea Flower Show 2008 neben Gold auch den Titel »Best of Show«. Sein Gartendesign interpretierte mit modernem Formschnitt und Gestaltungselementen den architektonischen Garten des 21. Jahrhunderts.

mit einem zweirädrigen Einspänner über Land und hatten ein gemeinsames Ziel: traumhafte Gärten zu realisieren. Heute vereinen Garten- und Landschaftsarchitekten beide Fähigkeiten in einer Person. In England setzen junge Gartendesigner die Tradition des architektonischen Gartens im 21. Jahrhundert fort. Sie bedienen sich der bewährten Techniken und lassen zeitgenössische Aspekte einfließen.

Stuart-Smith und Bradley-Hole

Tom Stuart-Smith, 1960 geboren, ist ein Vertreter der jüngeren Generation von Gartengestaltern und mehrfacher Goldmedaillengewinner auf der Chelsea Flower Show. Sein Stil orientiert sich an klassischer Formalität, gepaart mit modernen Konzepten sowohl in den harten Gartenstrukturen als auch in der Bepflanzung. Architektonische Geradlinigkeit paart sich mit prachtvollen Pflanzenarrangements. Es entstehen Gesamtkunstwerke, die an die Tradition des vorherigen Jahrhunderts anknüpfen, aber eine markante, moderne und individuelle Handschrift tragen. Stuart-Smith formuliert es selbst: »Je größer die Befreiung von traditionellen Ideen ist, umso größer ist die Notwendigkeit von starken Formen, scharfen Grenzen und akkuraten Hecken.« Christopher Bradley-Hole, geboren 1955, ebenfalls Chelsea-Gewinner, entwirft architektonische Privatgärten, die in ihrem Minimalismus noch einen Schritt weiter gehen. Seine Designs sind Trendsetter auch für kleine Gärten, die mit definierten Strukturen den englischen Garten in unser Jahrtausend katapultiert haben. Dies ist nur ein kleiner Ausblick in die Zukunft. Jeder Garten lebt und entwickelt sich weiter. Dieses Buch stellt die einzelnen Gestaltungselemente eines Gartens in englischem Stil vor, um dem Gartenbesitzer eine Auswahl zu bieten, aus der er nach seinem Geschmack und Empfinden wählen und sich seinen eigenen »englischen Garten« verwirklichen kann.

Bausteine und Gestaltungselemente

Wege und Treppen

Vermessen Sie zunächst Ihr Gartengrundstück und skizzieren Sie die horizontalen Strukturen wie Wege und Treppen. Danach legen Sie, soweit nicht vorhanden, Hecken und Mauern fest. Wichtige Planungsutensilien sind dabei eine dicke Rolle Schnur und ein ganzes Bündel von Pflöcken. Im Freiland stecken Sie mit Schnüren oder im großen Garten mit Flatterband und den Stäben Ihre Planung ab. Mindestens eine Woche sollten die Schnüre gespannt bleiben, damit Sie immer wieder überlegen und ausprobieren können, ob Ihnen die Raumaufteilung und die Dimensionen gefallen. Prüfen Sie Ihre späteren Blickachsen, vor allem die optische Verbindung von Haus und späterem Garten. Arbeiten Sie in dieser Phase sehr gründlich. Lassen Sie sich Zeit, setzen Sie sich über einen längeren Zeitraum hinweg an verschiedene Stellen auf dem Gartengrund stück und machen Sie sich ein Bild des fertigen Gartens vor Ihrem geistigen Auge. Kontrollieren Sie mehrfach Ihren Plan vor Ort und justieren Sie die Abmessungen. Dies erspart Ihnen später teure und nervenaufreibende Änderungen.
Wege sind die Lebensadern eines Gartens und erschließen ihn. Durch sie werden alle Gartenbereiche leicht erreichbar und miteinander verbunden. Über diese Arterien des Gartens »pulsiert« der Mensch, ob als emsiger Gärtner oder lustvoller Genießer. Die Wege selbst sind eines der schwierigen strukturellen Elemente des Gartens, weil sie sowohl praktischen Ansprüchen als auch ästhetischen Vorstellungen entsprechen sollen. Immer schaffen Wege eine visuelle wie praktische Beziehung von Haus und Garten und setzen als gebaute Achsen das Innen und Außen in eine enge Relation. In einem architektonisch gegliederten Garten werden Wege immer geradlinig und in rechten Winkeln geführt, während in einer eher naturalistischen Anlage ein geschwungener Weg passender wirkt. Hauptadern sind breite Wege, die zu zweit nebeneinander begangen werden können. Schmale Nebenwege sind zur Pflege des Gartens oder für einen »Gänsemarsch« geeignet.

Das Wegesystem verdeutlicht die Struktur des Gartenplans, und je einfacher die Linienführung, desto besser ist es. Wege bilden ein sinnvolles Netzwerk, ein Gerüst, über das sich der Garten entfaltet und das zum Spaziergang einlädt. Wege öffnen den Zuschauerraum, von wo aus sich der Garten wie auf einer Bühne präsentiert. Besucher werden nach einem unsichtbaren Plan durch die einzelnen Gartenzimmer geführt und erleben eine Abfolge von Eindrücken und Stimmungen. Wege bestimmen, wie der Mensch den Garten wahrnimmt, ihn erkennt, ja »liest« und schließlich sein Wesen und seine Philosophie erfasst.
Damit ein Garten bei jeder Witterung zu genießen ist, sollten Wege sich dadurch auszeichnen, dass bei nassem Wetter Schuhe trocken und sauber bleiben. Wege sind mehr als nur die Verbindung zwischen Gartenräumen oder -elementen. Sie teilen den Garten in unterschiedliche Bereiche, betonen und verbinden gleichzeitig die Pflanzflächen und schaffen Atmosphäre sowie Stil. Häufig werden Wege auch einem bestimmten Thema zugeordnet, wie ein Lavendelweg (»Lavenderwalk«) oder ein Hostaweg (»Hostawalk«).

Oben: Ein Wechsel der Beläge – hier vorne Kies, dann Platten und schließlich Rasen – lässt Besucher die neuen Gartenräume deutlich erspüren. Die Natursteintreppe, gefasst von zwei Säulen mit thronenden Urnen, übt eine Torfunktion aus.

Unten: Wege sind auch die Lebensadern eines Gartens und sollten praktischen wie ästhetischen Gesichtspunkten genügen. Typisch englisch ist die überschäumende Randbepflanzung, die auf den Weg schwingt.

Künstliche Perspektiven

Endet ein Weg vor einem Kunstwerk, einer dominanten Pflanze, einer Tür oder dem Blick in die freie Landschaft, können Wege auch die Funktion von Blickachsen übernehmen. Künstliche Perspektiven lassen sich durch eine Verschmälerung des Weges in Trichterform oder durch eine geschickte Platzierung von Pflanzen am Wegrand erzeugen. Wird der Beginn breiter angelegt als sein Ende, so erscheint er länger und lässt den Garten größer wirken. Breite Wege verkürzen einen Gartenraum optisch, während schmale Wege ihn zu strecken scheinen. Beidseitige Wegeinfassungen agieren wie Schienen, die einem Ziel zustreben. Wegbegleitende Pflanzenbänder zeichnen die Ränder weicher, ohne dass die axiale Wirkung verloren geht. Im Gegenteil, die doppelte Linienführung des Weges und der Pflanzenbahnen verstärkt die Ausrichtung der Sichtachse und schärft den Fokus auf das Wegende.

Das Wegematerial

Der Belag verleiht dem Weg sein Gesicht und ist damit von großer Bedeutung. Wege vermitteln zwischen Haus und Garten. Deshalb ist die Wahl der Materialien für Wege nicht nur im Zusammenspiel mit den einzelnen Gartenteilen zu sehen, sondern sollte auch zu den Werkstoffen des Hauses passen. Wählen Sie zum Gesamtentwurf Ihres Gartens stilgerechtes Material, das Ihrem Budget entspricht. Die nützlichen Wege und Treppen sollen Sie ein ganzes Gärtnerleben lang erfreuen und mit etwas Kreativität können englisch-edle Lösungen teuer aussehen, ohne es zu sein. Trotz der Vielzahl des angebotenen Materials aus der ganzen Welt sollte man nur eine begrenzte Anzahl auswählen und die Übergänge harmonisch gestalten. In unserem Garten in Köln sind die meisten Wege aus alten Feldbrandsteinen, die im historischen Baustoffhandel als recycelte Steine erhältlich sind. Ein hoher Anteil an ähnlich gestalteten Oberflächen verleiht dem Wegenetz einen Zusammenhang und eine wohltuende Ruhe. Ein Belagwechsel dagegen lässt den Besucher innehalten und zeigt an, dass etwas Neues beginnt.

In sich geschlossene Themengärten werden durch einmalige, ausgefallene Wege stärker akzentuiert, und ihre Besonderheit unterstreicht die Einmaligkeit dieses Gartenraumes. Haben Sie ein kleines Gartenzimmer, das Ihr Gartenjuwel ist? Hier könnten Sie Wege oder Flächen ganz ungewöhnlich gestalten, um Ihrem Schmuckstück den Hauch des Exklusiven zu verleihen. Auf kleinem Raum dürfen Sie die Vernunft vergessen und sich Gartenluxus gönnen, der Sie für immer entzücken wird.

Naturstein

Generell ist Naturstein das schönste Material, und wenn er aus der Umgebung stammt, ist er besonders geeignet. Natursteinwege wirken warm und strukturiert – sie laden ein, darüber zu gehen. Leider sind sie kostspielig und geraten im Schatten gelegentlich zur Rutschbahn. In England finden häufig große Natursteinplatten mit unregelmäßigen Rändern Verwendung und strahlen eine entspannte Großzügigkeit aus. In kleinen Gärten können sie allerdings überdimensioniert sein. Auf wenig strapazierten Wegen können Polygonalplatten mit breiten Fugen zum Ansiedeln von Bewuchs gelegt werden. Ein solch ungewöhnlicher Weg erscheint sehr natürlich und lässt den Garten schneller »reifen« (siehe Kapitel »Mut zur Lücke«, Seite 176). Neue, glatte Platten wirken mit ihren scharfen Kanten und ihrer exakten Form oft sehr modern und streng. In größeren Mengen durchgehend verlegt, sind sie für einen englischen Garten ungeeignet. Recycelte Natursteinplatten mit abgestoßenen Kanten und leichten Dellen sind dagegen ein sehr charmanter Wegebelag. Kopfsteinpflaster gibt Wegen eine greifbare, natürliche Textur, ist aber oft unbequem zu begehen und daher nur für Nebenwege tauglich. Besser läuft es sich auf kleinen, quadratischen Pflastersteinen,

Oben: In Sissinghurst Castle führt ein breiter Weg den Besucher durch den Wohnturm in den Garten. Die großen Sandsteinplatten unterstreichen die Bedeutung dieses zentralen Weges.

Unten: Ziegelsteine betonen mit warmem Farbton und rustikaler Oberfläche den ländlichen Charakter des Gartens und bilden senkrecht verlegt eine attraktive Treppe.

die sich gut zu einfachen bis sehr ausgefallenen Mustern verlegen lassen. Sorry, liebe Engländer, aber die schönsten Pflasterarbeiten mit kleinen Natursteinblöcken aus Granit oder Basalt sind in Deutschland zu Hause. Auf den Britischen Inseln kann in diesem Fall von uns gelernt werden!

Alte Ziegel- und Feldbrandsteine

Sie sind meine Favoriten! Die aus Abbruch gewonnenen Steine sind nicht nur in ihrem Farbspiel besonders attraktiv, sie lassen sich in vielfältigen Mustern verlegen. Setzt man die Ziegel mit der schmalen, langen Kante zur Oberfläche, lassen sich besonders ausgeprägte Muster erzielen. Allerdings verschlingen sie die doppelte Anzahl an Steinen. Aber positiv ist, dass die größere Tiefe unfruchtbaren Pflastersandes in den Fugen starken Unkrautbewuchs verhindert. Solche Wege sind sehr gut zu begehen und mit einer Karre zu befahren. Deshalb sind sie besonders für häufig genutzte Verkehrsflächen ideal. Bei jeder Pflasterung mit Ziegelsteinen ist eine Randgestaltung des Weges wichtig. Möchte man einen strengen, geometrischen Eindruck, kann eine Rollschicht aus senkrecht gestellten Steinen mit der Kopfseite nach oben dies erreichen. Eine hohe Randfestigkeit ist so gewährleistet.

Klinker

Neue Klinker sollten wie alte Ziegel in jedem Fall zum Haus und zu den Mauern passen. Der Baustoffhandel bietet schöne, handgeformte oder auf rustikal getrimmte Klinker in vielen Farben, die deutlich preisgünstiger sind als gebrauchtes Material. Frisch verlegt, sehen solche Pflaster zunächst etwas steril aus, was einem Garten im englischen Stil überhaupt nicht steht! Aber die Zeit arbeitet für Sie. Bei rauer Oberfläche siedelt sich eine Kleinflora an, die Wege mit milder Patina überzieht. Im Schatten entwickelt sich schnell von allein ein solcher Algen- und Moosbewuchs und regelmäßiges Sprengen unterstützt bei sonnigem Pflaster die erwünschten

NOSTALGIE VON ANFANG AN

Verlegen Sie die Klinker nicht zu exakt in Reih und Glied. Ein unregelmäßiger Effekt stellt sich von allein ein, wenn für die Pflasterung eine flexible Bauweise verwendet wird. Auf einer Tragschicht aus Kies und Schotter besteht die Deckschicht aus Sand und Belag. Das ganze Wegesystem kann sich leicht verschieben, ohne insgesamt instabil zu werden und ohne dass die nun unregelmäßige Pflasterung leiden würde. Variieren Sie die Fugenbreite, gestalten Sie die Oberfläche ganz leicht uneben und von Beginn an wird Ihr Weg sehr »englisch« aussehen.

Kleinorganismen. Nehmen im Schatten die Algen überhand, sorgt Kalkpulver für rasche Abhilfe und glatte Wege.

Werksteinplatten

Über Werksteinplatten braucht man nicht per se die Nase zu rümpfen. In den Gärten Englands erstaunt mich immer wieder, wie einfaches und kostengünstiges Baumaterial ansehnlich eingesetzt wird. Der Trick sind eine eher raue Oberfläche, unregelmäßige Kanten (da kann nachgeholfen werden!) und eine lässige Verlegeart mit eventuell lebhaftem Fugenspiel. Ein Verlegemuster aus großen, kleinen sowie rechteckigen und quadratischen Platten belebt breite Wege und Flächen. Risse in den Platten verleihen original englischen Touch!

Kies

Knirschender Kies scheint ein Synonym für englischen Gartenstil zu sein und ist wegen seiner erdigen Farben und Farbvarianten immer hübsch anzuschauen. Allerdings ist er nicht so einfach zu begehen, vor allem bei runden Steinchen. Um auf Kies entspannt zu laufen, muss er kantig sein, damit er sich wie Puzzleteile ineinander verkeilt. In unserem Wassergarten hat sich Kalksplitt bewährt, der den Charme von Kies hat und besonders gut in einen Naturgarten passt. An seinen Rändern können die Pflanzen sich munter in den Weg hineinziehen. Der Splitt verdichtet sich zu einer kompakten, angenehm zu begehenden Wegfläche, die zudem Unkrautwuchs verhindert. Alle paar Jahre wird erneut eine dünne Schicht Splitt aufgebracht und so sieht der Weg immer schön englisch aus. Kieselsteine kunstvoll in Zement verlegt, sind eine besonders ausgefallene Art, Wege zu gestalten. Die Inspiration erhielten englische Reisende im mediterranen Raum. Glatt geschliffene, ovale Meereskiesel werden dicht an dicht zur Hälfte und

oberflächenbündig in Mörtel mit Verzögerer gelegt, um genügend Zeit für kleine Abschnitte zu haben. Dies ist ein sehr aufwendiger, aber besonders individueller Wegbelag. Die runden Rücken der Steinchen ergeben einen Waschbretteffekt und wirken beim Begehen wie eine belebende Fußmassage. Ein Kieselsteinweg ist, z.B. mit höheren Absätzen, schwierig zu begehen und sollte nur in einem speziellen Themengarten eingesetzt werden. In meinem Duft und Kräutergarten sind die bildschönen Kieselwege wie Reptilienrücken verlegt: Die kleinen Steinchen sind in Längsrichtung innen angeordnet und die großen außen. Ein solcher Weg bleibt für immer ein »piece of conservation«. Mit verschiedenfarbigen Kieseln lassen sich ausgefallene Ornamente kreieren – hübsch und lustig auf kleinem Raum, große Flächen wirken jedoch schnell nervös bis kitschig. Auf der Blumeninsel Madeira sind zahlreiche Wege mit flachen liegenden Kieseln befestigt, die eine glatte, bequeme Laufebene bieten. Diese Verlegart ist deutlich sparsamer im Verbrauch der Steinchen und trotzdem effektvoll.

Kombinationen

Die Kombination verschiedener harter Beläge lässt Wege lebhafter und interessanter erscheinen. Für einen Mustermix werden möglichst Materialien ähnlicher Dicke verwendet, um ein gleichmäßiges Pflasterbett zu nutzen. Damit die Flächen nicht zu unruhig wirken, sind regelmäßige Wiederholungen von Materialien und Mustern sinnvoll. Preisgünstige Beläge lassen sich durch Einfügen kleiner Flächen eines exklusiven Materials geschickt aufwerten. Auf wenig genutzten Wegen können kleine Abschnitte, mit niedrigen Polsterstauden bepflanzt, äußerst lebhaft sein und ein saisonal wechselndes Bild darstellen.

Links: Kies ist ein Synonym für englischen Gartenstil. Ein sich schlängelnder Kiesweg passt in Farbe und Material ideal zu der naturnah anmutenden Gartenszenerie und erzeugt beim Begehen ein angenehmes Geräusch.

Rechts: Ein samtiger Rasenweg mit Doppel-Border gehört zu den Klassikern in englischen Gärten. Die ruhige Rasenfläche intensiviert die beidseitige, lebhafte Blatt- und Blütenpracht der gemischten Rabatte.

Graswege

Graswege sind in England sehr beliebt. Kein Wunder bei der hohen Rasenkultur und den idealen Bedingungen für Gras.

NIE WIEDER KANTENSTECHEN!

Zur Pflege eines Graswegs: Da kaum ein Gärtner das exakte Kantenstechen schätzt: Stahlblechkanten setzen! Den Rasen in der Mitte mähen und zur Metallleiste hin mit einem elektrischen Kantenschneider entlang trimmen. Die Beetseite lässt sich schnell mit einer Hacke säubern. Das spart sehr viel Zeit und Energie.

Mit ihrem frischen Grün bilden Graswege einen ruhigen Rahmen für bunte Beete und sind der Klassiker im doppelten Border (Rabatten links und rechts des Weges). In unseren Breiten sollten Rasenwege nur für wenig strapazierte Bereiche gewählt werden, zumal man im Gras leicht nasse Schuhe bekommt. Unser Rosengarten hat ein grasgrünes Rasenwegemuster, das als ruhiger Rahmen die bunte Rosenblüte hervorhebt und im Winter mit seiner grafischen Struktur einen attraktiven Anblick bietet. Er ist kein »Durchgangszimmer«, und in der Zeit der Rosensaison ist der Rasen recht strapazierfähig.

Wegränder

Den Übergängen von Weg und Beet wird in englischen Gärten große Aufmerksamkeit geschenkt. Besonders typisch ist eine überbordende Üppigkeit der Beetpflanzen, die bis auf die Wege schäumen. Wegränder sind Tummelplätze für eine charmante Randbepflanzung, die sich herüberneigen oder gerne flächig ausdehnen darf. Harte Kanten werden auf diese Art sanft verpackt und weich nachgezeichnet. Seien Sie mit den Übergängen britisch gelassen und großzügig, ja fördern Sie vorwitzige Pflanzenkobolde! Pflanzen Sie nah am Weg, z. B. das niedliche spanische Gänseblümchen *(Erigeron karvinscianus* 'Blütenmeer'), Frauenmantel *(Alchemilla mollis)* mit seinen gelbgrünen Schaumblüten oder hüllen Sie die Ränder in blauen Katzenminzentüll *(Nepeta × faassenii).* Egal, welche dieser Pflanzen Sie auch wählen, jedem Wegesrand können Sie damit englische Nachhilfe geben, die in der Saison für eine Beetfülle à la Gertrude Jekyll sorgt. Im Winter ruhen Ihre Randpflanzen in der Erde und architektonische Klarheit tritt für einige Zeit in den Vordergrund, um im Frühling aufs Neue von übermütigen Gewächsen überrollt zu werden. Ebbe und Flut im englischen Garten! In anderen Gartensituationen wünscht man sich durchaus beständige Formalität. Sollen Rasen, Kieswege oder Mulchflächen dauerhaft und pflegeleicht getrennt bleiben, bieten sich Metallbänder an, die zwischen den Materialien in den Boden eingeschlagen werden. Nützlich sind solche Metallleisten ebenfalls, um Rasen und Beete, wie in unserem Rosengarten, zu isolieren.

Treppen und Stufen

Treppen dienen nicht nur der notwendigen Überwindung von Höhenunterschieden im Garten, sondern sind ein wundervolles Gestaltungselement. Die Stufen können für sich genommen reizvoll sein und ein Mittel, den Garten lebendiger erscheinen zu lassen. Treppen erzeugen durch das Leiten des Blickes architektonische Perspektiven und machen neugierig auf das Kommende. Zweifellos können Treppen ein Schauspiel voller Dramatik zwischen Kunst und Natur ausdrücken. Sie trennen und verbinden Bereiche unterschiedlichen Niveaus, verschiedener Stimmungen und erhöhen die Spannung auf Neues bei einem Gartenspaziergang.

Treppenformen

Daher sollten Treppen nicht nur praktisch und sicher sein, sondern sich harmonisch in die Gestaltung einfügen. Ein flaches Grundstück kann durch wenige, bewusst angelegte Treppen mit zwei bis drei Stufen charaktervolle Niveauunter-

Oben: Der einfache Plattenweg wird durch begleitende Lavendelbänder gestreckt und erhält neben einer sanften Randführung gleichzeitig eine entspannte Formalität.

Unten: Senkrecht gestellte Ziegelsteine ermöglichen vielfältige Treppenformen und fügen sich harmonisch zwischen Kiesweg und betagtem Mauerwerk ein. Auf dem Podest thront ein Holzstuhl und erschließt die Aussicht.

schiede erhalten, die den Garten erheblich in seinem Aussehen und seiner Nutzung verändern. Schmale Gärten gewinnen optische Größe durch den geschickten Einsatz von Treppenstufen. Eine größere Pflasterfläche kann von Stufen oder einem Podest profitieren, und Treppen können Blickfänge wie Statuen, Sonnenuhren oder sogar Gartenhäuser betonen.

Großzügige Freitreppen sind eine elegante Lösung an der Hausterrasse. Seit der italienischen Renaissance sind sie eine raffinierte Form der Raumgestaltung und theatralische Ouvertüre für den Garten. Zu Beginn des 20. Jahrhunderts war Edwin Lutyens »König der Treppen« und seine detailverliebten Entwürfe bezaubern uns bis heute. Seine halbrunden Treppen bestechen mit plastischem Reiz, wie die Sonderform der Konvex-Konkav-Treppe, bei der von der oberen konkaven Ausformung man auf ein rundes Zwischenpodest tritt, bevor konvexe Stufen nach unten führen. Gerne schichtete er flache Platten oder Ziegel aufeinander und erzeugte damit äußerst lebhafte und kunstvolle Treppen. Wenn hübsche Glockenblumen *(Campanula)* oder kleine Gänseblümchen *(Bellis)* aus den Ritzen quellen, ist die englische Gestaltung perfekt. Die Randgestaltung erlaubt neben Mauerbepflanzungen auch den Einsatz von flankierenden Urnen oder Skulpturen, die das erhöhte Niveau effektvoll betonen. Bei kleineren Gärten sollte man den Bogen nicht überspannen, eher maßvoll planen und Monumentalbauwerke vermeiden. Sind große Höhenunterschiede zu überwinden, bietet es sich an, die Treppe durch Absätze oder eine kleine Terrasse zu unterbrechen. Auf jeden Fall soll sich eine Treppe in das Gesamtkonzept einschmiegen und nicht wie ein Fremdkörper das harmonische Bild stören.

Treppenmaterial

Neben den ästhetischen Aspekten dürfen die Faktoren Bequemlichkeit und Sicherheit nicht ausgeblendet werden.

Die Stufen sollten möglichst entspannt zu begehen sein, wofür rutschfeste Materialien zu wählen sind. Meistens werden Stufen aus harten Belägen gebaut und können aus dem selben Material bestehen wie die Wege. Holztreppen, aus zum Beispiel Eisenbahnschwellen, finden sich in England sehr selten. Eine einfache Lösung ist, Natursteinplatten auf die Stufen zu legen und sie am Stoß senkrecht zu stellen. Die Schichtung von Platten schafft ein lebhaftes Spiel von Licht und Schatten und ist ein Klassiker in englischen Gärten. Klinkerstufen und -treppen, ob flach oder hochkant verarbeitet, lassen sich zu fast jeder gewünschten Form gestalten. Die Stufen selbst können mit Splitt belegt und sehr ausgedehnte sogar mit Rasen bewachsen sein. In nicht formalen Gartenabschnitten können Natursteinblöcke zu einfachen Treppen aufgeschichtet werden. Bei drei und mehr Stufen kann ein Handlauf notwendig werden. Wer gerne nachts durch seinen Garten spaziert, kann eine Stufenbeleuchtung einplanen. Gemeint sind keine Hollywood-Treppeneffekte, sondern eine schlichte oder sogar versteckte indirekte Beleuchtung im Stufenstoß.

Terrassen

Terrassen im Garten sind im Prinzip große Stufen. Sie laden zum Sitzen und Verweilen ein. Meist liegen Terrassen direkt am Haus und sind von dort zu begehen. In England scheinen Terrassen mehr der guten Sicht in den Garten zu dienen, als Flächen der Freizeitgestaltung zu sein. Vielleicht liegt es am unbeständigen Wetter, dass keine Notwendigkeit für einen ausgedehnten Freisitz besteht. Sind in Deutschlands TV-Gartenshows klappernde Holzterrassen der Hit der schnellen Gartengestaltung, im englischen Garten wären sie der größte Fehltritt! Auf jeden Fall hat eine Terrasse einen Steinbelag, bei einer großen Fläche kann es eventuell auch Kies sein.

AUS DER PRAXIS

Die Auswahl der Beläge von Wegen, Treppen und Terrassen ist eine der wichtigsten, nachhaltigsten und damit oft schwersten Entscheidungen, die bei der Anlage jeden Gartens getroffen werden. Ganz wichtig ist es, in Bezug auf Beläge in Hausnähe, dass diese im Einklang in Farbe und Material zu den Gebäuden stehen. Haus und Garten sollen zu einer harmonischen Einheit zusammenwachsen. Fragen Sie sich: »Gefällt mir der Belag auch noch in 20 oder mehr Jahren?« Auch ich fand Terrakotta-Look in den 1990-Jahren hinreißend, aber heute würde ich weniger »Modisches« wählen. Lassen Sie sich von Abbildungen aus Büchern, Zeitschriften oder dem Internet inspirieren. Schauen Sie sich in Ihrer Nachbarschaft um, wo andere Gärtner attraktives, vielleicht sogar heimisches Material gewählt haben. Fragen Sie diese Gartenbesitzer nach der Bezugsquelle, denn Gärtner tauschen sich per se gerne aus. Im Baustoffhandel gibt es immer wieder erfreulich kostengünstige wie interessante neue Werksteinplatten im »englischen Look«. Damit meine ich rustikal anmutendes, eher raues Material, denn »aalglatt« mag pflegeleicht sein, aber in einem Garten englischen Stils ist es ein »No go«. Haben Sie ein Material entdeckt, bitten Sie den Händler Ihnen eine Probe auszuleihen. Legen Sie diese in Ihren Garten aus, um vor Ort eine gute Entscheidung treffen zu können. Dazu reicht nicht ein Stein oder ein Platte, sondern ein Quadratmeter sollte es schon sein. Schließlich sind die Kosten für die Beläge beträchtlich und Sie wollen sich bei Ihrer langfristigen Wahl ganz sicher sein. Testen Sie den Belag barfüßig, ob er Ihnen ein »gutes Bauchgefühl« gibt. Ein gutes Motto bei jeder Materialauswahl lautet: »Probieren geht über Studieren.«

Beispiele und Anregungen zur Inspiration

Oben: In England wird ein Weg gerne nach seinen Begleitpflanzen benannt. In meinem englischen Garten in Köln gibt es diesen »Hosta-Walk« (Funkien = botanisch *Hosta)*.

Unten: Die schmalen, sich kreuzenden Wege erzeugen mit geringem Aufwand ein spannendes Muster in der schlicht grünen Umgebung.

Oben: Ziegel, in konzentrischen Kreisen verlegt, unterstreichen wirkungsvoll die Sonnenuhr, um die sich in diesem Gartenteil alles dreht.

Unten: Im Terrakotta-Garten wurden polygonale Porphyrplatten mit sehr breiten Fugen verlegt, um eine Besiedlung von Kleinpflanzen zu fördern. Rollschichten aus Ziegel setzen Akzente.

Rechts oben: Für meinen Rosengarten in Köln habe ich Graswege in Form einer stilisierten, geöffneten Rosenblüte gewählt, wobei die Beete die Blütenblätter darstellen. So bleibt dieses Gartenzimmer auch in der tristen Jahreszeit optisch interessant und ansprechend.

Rechts unten: Am Tor wechselt der Weg seinen Belag von großen Natursteinquadern zu einer kleinteiligen Pflasterung. Dies kündigt geschickt den Beginn eines neuen Gartenareals an. Der formal geprägte Teil wird verlassen, ein naturnaher Bereich beginnt.

Oben: Die Trittplatten im klassischen Kiesweg leiten nicht nur den Blick, sondern verbessern den Laufkomfort erheblich. Die Kantenstein-Bänder unterstreichen die Achse und erleichtern auf praktische Weise das Rasenmähen.

Unten: In einem Museumsgarten führt zu den Freiluft-Theaterrängen aus Rasen und Buchsbaum eine Ziegelsteintreppe, in deren Fugen Zimbelkraut sprießt.

Rechts oben: In Iford Manor ließ Harald Peto aus Natursteinblöcken substanzielle Treppen bauen. Deren Mächtigkeit wird von Lavendeltuffs, die wie eine blaue Welle auf die Treppe wogen, angenehm weich gezeichnet.

Rechts unten: Wie ein Fächer führt diese Treppe in Great Dixter die Besucher abwärts. Den Treppenstoß bilden geschichtete Ziegelscheiben, in deren Ritzen es munter grünt. Die Seiten scheinen wie von einem weichen Teppich überzogen.

Hecken und Mauern

Sie definieren seit dem Altertum den Garten als umfriedeten Raum und sind sein Urelement. Hecken und Mauern stellen das wichtigste vertikale Mittel zur Strukturierung und Formgebung im architektonischen Garten dar. Sie bilden nicht nur die Abgrenzung nach außen, sondern dienen auch als Innenwände der Raumbildung im Garten. Mauern und Hecken erweitern die Architektur des Hauses in den Garten hinein und verbinden beide als gleichwertige Partner zu einem ästhetischen Gesamtentwurf. Wie im Haus entstehen im Garten Zimmer mit unterschiedlichen Funktionen und Themen, die durch Öffnungen miteinander verbunden sind. Die vertikalen Strukturen bilden den festen Rahmen des Gartens und tragen die architektonische Ordnung. Hecken und Mauern formen unverzichtbar das Rückgrat, den »backbone« des englischen Gartens. Den Prinzipien des Hausdesigns folgend, sollen die Gartenzimmer in einer logischen Anordnung miteinander korrespondieren. Über die Wege planen Sie einen Rundgang durch Ihre Gartenräume, der zum lustvollen Spaziergang ohne Hin- und Herlaufen einlädt. Weil die Regeln der perspektivischen Gestaltung eines Gemäldes Anwendung finden, wird der Garten so zum begehbaren Bild.

Hecken

Schöne Hecken gehören zu den Glanzpunkten eines englischen Gartens. Ich liebe sie! Hecken sind das wichtigste Mittel zur natürlichen Strukturierung und Formgebung des architektonischen Gartens und dienen seiner Raumbildung. Tür- und manchmal sogar fensterartige Öffnungen sind äußeres Zeichen dafür, dass Hecken im englischen Garten als Architekturelement angesehen und verwendet werden. Die Hecken führen als Sichtachsen das Auge, bilden Blickzusammenhänge und lassen Perspektiven entstehen. Für Besucher vom europäischen Kontinent gehören die schön gepflegten Hecken in den Gärten Englands zu den nachhaltigsten Eindrücken. Heckenräume sind als Themengärten einem bestimmten Motiv gewidmet und hinterlassen intensive und bleibende Erinnerungen. Dichte Heckenwände sind das markante Erkennungsmerkmal eines formalen Gartens im englischen Stil. Ohne sie ist ein solcher Gartentyp undenkbar.

Raumbildner

Ein Heckenkabinett ist Sinnbild für formale Gartenkunst und lässt sich gleichermaßen effektiv im großen wie im kleinen Garten einsetzen. Auf wenig Raum dient eine Hecke als geschickter Raumteiler, vor dessen ruhiger Naturwand sich der Garten bestens präsentiert. In einem großen Garten lässt sich ein Labyrinth aus grünen Gartenzimmern verwirklichen, das Platz und Raum für alle Jahreszeiten und Stimmungen bereithält. Hecken sind das universelle gartenarchitektonische Instrument, das sich jeder Situation anpassen kann. Wie ein edles Passepartout rahmen sie die berühmten bunten Border (Rabatten), für die sie gleichermaßen als Hintergrund eingesetzt werden. Hohe Hecken sind lebende Architekturelemente, die Gartenräume streng voneinander trennen können und darin lauschige Intimität schaffen, während niedrige Hecken Gartenteile gliedern, ohne sie voneinander abzuschließen. In ihrer einfachen Grundform lassen sich Hecken zu verschiedenen Höhen und Breiten schneiden. Haben sie Wandfunktion, sind sie zwei bis drei Meter hoch und 60 bis 120 Zentimeter breit. Per Formschnitt und mit unlimitierter Fantasie können dekorative Kunstwerke geschaffen werden, mit Pfeilern, Stufen, Bögen, Fenstern, Zinnen und Kugeln oder gar Tiergestalten auf der Heckenkrone.
In England gleichen riesige Hecken gar Festungsmauern und sind eine echte Herausforderung für den Heckenschneider. Spektakuläre Serpentinenhecken, wie in Chatsworth House, werden in Schlangenlinie gepflanzt und in fließenden Kurven beschnitten.

Oben: Winterliche Heckenfreuden im englischen Garten in Köln. Die hohen Rotbuchenhecken behalten bis zum Frühjahr ihre kupferrote Belaubung und umhüllen als Wände die wunderbaren Formen meines berühmten Knotengartens.

Heckengehölze

Die Eibe *(Taxus baccata)* ist zweifellos die Königin unter den Heckenpflanzen. Dunkelgrün und sehr dicht, ergeben Eibenhecken exakt geschnitten eines der faszinierenden und charaktervollen Elemente des englischen Gartens. Ihre fast teppichgleiche Oberfläche eignet sich für nahezu jegliche Heckenform und bildet den idealen, ruhigen Hintergrund für alle Arten von Blumen sowie für Bänke und Kunstobjekte. Die Eibe ist immergrün, robust und wächst erstaunlich schnell. Rasch bildet sie eine perfekte »Leinwand«, die der Gärtner mit seinen Pflanzenarrangements »bemalen« kann. Vor der glatten, dunklen Fläche scheinen die Blütenfarben – besonders Weiß – zu leuchten und kommen intensiver zur Geltung als gegen den hellen Himmel. Daher findet man häufig in klassischen englischen Gärten hinter einem schönen Border die rahmengebende Eibenhecke. Beim Kauf einer Taxushecke sollte man darauf achten, dass alle Pflanzen von derselben Kulturvarietät stammen, weil sonst eine unruhige Hecke mit unterschiedlichem Wuchsverhalten entsteht. Verwendet man neben der grünen Eibe die goldfarbene Irische Eibe *(Taxus baccata* 'Fastigiata Aureomarginata'), kann eine kontraststarke, sehr ausgefallene Hecke gestaltet werden, z. B. aus einer grünen Heckenfläche mit gelben Pfeilern. Für formale Hecken sind laubwerfende Alternativen Hainbuche *(Carpinus betulus)* und Rotbuche *(Fagus sylvatica)*, die im Sommer dicht und massig wirken. Beide Arten tragen den ganzen Winter ihr kupferfarbenes Laub und sorgen für eine interessante Farbe der Strukturwände, die in der Wintersonne luzide schimmern. Die Rotbuche ist in der Herbstfärbung mit ihrer Brillanz von Goldtönen der Hainbuche überlegen. Im Frühling überraschen Buchenhecken mit fast gleichzeitigem Laubabwurf sowie raschem hellgrünem Austrieb und inszenieren einen lebhaften jahreszeitlichen Wechsel mit ihrem farblichen Schauspiel. Eine sehr spezielle

Form bilden hohe, gestelzte Lindenhecken. Sie lassen sich bestens zum Verstecken von Ein- und Ausblicken einsetzen. Vorgezogen sind Spalierlinden in Baumschulen erhältlich, und ihr Nachschnitt ist denkbar einfach. In England werden sie als »belgian fence« (belgischer Zaun) bezeichnet und erfreuen sich in der Tat in den Beneluxländern großer Beliebtheit. Als flaches Spalier oder in Kastenform geschnitten, vollziehen sie in luftiger Höhe eine optische Abgrenzung. Sie bilden mit einer darunter stehenden Hecke oder Mauer einen »Sofortsichtschutz« von enormer Höhe. Wie im berühmten »Limewalk« in Sissinghurst können gestelzte Lindenhecken als vertikales Formelement dienen, um den Blick zu leiten.

Einfassungen und Knoten

Niedrige Hecken werden aus dem eher langsam wachsenden Buchsbaum geschnitten. Sie grenzen Beete ein, fassen und »formen die üppige Bepflanzung, wie das Korsett einer schönen Frau«, so sagte man früher. Die geometrische Strenge der Hecken bringt die Fülle von Form und Farbe der Blumen zum Wirken. Die Hecken müssen nicht alle gleich hoch sein. Eine Höhenstaffelung betont das vertikale Element in unterschiedlicher Intensität und verleiht der überbordenden Pracht der Beete eine feste Einfassung. Die kleinen Hecken können rechteckig geschnitten werden oder abgerundet sein. Kugeln an den Ecken geben eine elegante, weiche Fasson, während Quader für einen größeren Kontrast sorgen. Buchsbaumparterres bestehen komplett aus kleinen Miniaturhecken, die in Mustern gepflanzt sind. Diese können symmetrisch angelegt sein oder als ornamentaler Barockgarten. Besonders englisch werden sie als Knotengarten angelegt (siehe Formschnitt Seite 63 und 69). Generell sind die Zwischenräume mit Kies oder Ähnlichem ausgefüllt. Bei dem eher seltenen Typus der »geschlossenen« Parterres sind die freien Flächen mit Blumen gefüllt.

Im formalen englischen Garten spielen andere Heckenpflanzen nur eine sehr untergeordnete Rolle und werden deshalb nicht behandelt. Manchmal sieht man in England Hecken, die aus verschiedenen Arten gemischt sind, sogenannte Gobelinhecken. Mir sind diese »Flickenteppiche« zu bunt und unruhig für einen architektonischen Garten.

Mauern

Mauern sind so alt wie die Gartengeschichte selbst. In England entstanden während der Renaissancezeit mauerumfriedete Gartenräume, die sogenannten »walled gardens«. Bis

Links: Das ausgefallene Mauerportal aus Ziegel ist in seiner Form ein Kunstwerk in sich. Die Rollschicht der Mauerkrone sowie die Einfassungen von Fenster und Durchgang zeichnen die verspielten Linien lebhaft nach und fördern gleichzeitig die Stabilität der Mauer.

heute finden sich in England zahlreiche Beispiele, die häufig wegen ihres guten Mikroklimas als Küchen- und Obstgarten genutzt werden und deren Wände Spalierobst ideale Bedingungen bieten. Mauern haben gegenüber Hecken den Vorteil, dass sie fertige Raumteiler unmittelbar nach ihrer Errichtung sind und eine sofortige Wirkung erzielen. Mauern sollten mindestens zwei Meter hoch sein, um eine Abgeschlossenheit zu erzeugen und Kletterpflanzen eine Fläche zu geben, ihr Wachstumspotenzial auszuschöpfen. Nicht nur aus statischen Gründen sollten in eine Mauer in regelmäßigen Abständen Pfeiler eingebaut werden. Diese plastischen Unterbrechungen sind auch ein willkommenes Ausdruckselement.

Bis heute sind schöne, handwerklich gut gebaute Mauern ein ästhetisches Highlight im Garten. Hohe Mauern schließen die Umgebung aus und vermitteln ein Gefühl der Sicherheit und des Geborgenseins. Sie eignen sich als Basis für die in England so geliebten Kletter- und Rankpflanzen und sind ein guter Hintergrund fur Beetbepflanzungen. Windschutz und die wärmespeichernde Wirkung von Mauern geben empfindlichen Pflanzen optimalen Lebensraum. In kleinen Gärten sind Mauern nützlicher als Hecken, weil sie weniger Platz einnehmen und zusätzlichen Pflanzraum für Kletterer und Mauerbewohner bieten. An den jeweiligen Sonnen- und Schattenseiten ermöglichen sie andersartige Bepflanzungen mit Gewächsen unterschiedlicher Lichtbedürfnisse. Niedrige Mauern schaffen ebenfalls ein räumliches Ambiente und binden gleichzeitig die Umgebung in den Blick ein. In England sind kleine Wandbrunnen sehr beliebt, die einem Mauerabschnitt eine besondere Bedeutung geben. In kleinen Innenhöfen kann ein Wandbrunnen zum zentralen Blickfang werden. Deshalb rechtzeitig den Wasseranschluss planen und in die Mauer einbauen.

MAKE-UP FÜR MAUERN

Damit eine Mauer nicht langweilig erscheint, sollten in regelmäßigen Abständen Pfeiler gebaut werden. Tordurchbrüche finden einen kunstvollen Abschluss in Form einer Kugel, Ananas oder Urne. Auf jeden Fall sollten zumindest Abschnitte einer Mauer berankt werden. Dies können Selbstklimmer, wie Efeu oder Kletterhortensie, sein oder man montiert schöne Gitter oder Treillagen (Spaliergitter) als Hilfe für verschiedene Rankpflanzen.

Baumaterial und Bauweise

Mauern, die an das Haus anschließen, sollte man in dessen Werkstoff fortsetzen. Ansonsten wurde bereits in der »Arts and Crafts«-Bewegung empfohlen, den für eine Region typischen und dort vorkommenden Stein zu verwenden. Die Vorteile sind ein kurzer Transportweg und die optische Eingebundenheit in die Gegend. Natursteinmauern wirken in Gärten immer authentisch und fügen sich nahtlos in die lebenden Strukturen ein. Schöne Ziegelsteinmauern besitzen eine natürliche Grandezza. Werden diese mit altem Baumaterial gemauert, könnten sie englischer nicht sein! Wichtig ist es, neben der Wahl des Ziegels, sich für einen geeigneten Mauerverbund zu entscheiden. Angemessene Verfugung und eine schöne Mauerkrone runden das Gesamtbild ab. Trockenmauern sind ohne Bindemittel wie zufällig geschichtet. Offene Fugen gewähren Kleinstgewächsen Raum zur Besiedelung. Möchte man Kosten sparen und dennoch einen formalen Eindruck erzielen, kann man Betonmauern mit Natursteinplatten verkleiden. Auch können verputzte Mauern ihren Zweck erfüllen. Die Oberfläche sollte auf jeden Fall mit gedeckten Farben in Wischtechnik bearbeitet werden, um die Patina einer betagten Wand nachzuahmen. Metalltreillagen oder Gitter, mit Abstand an die Wand angebracht und berankt, geben ein lebhaftes Bild und ihre Licht- und Schatteneffekte schenken Plastizität. Eine sehr englische Variante ist die »crinkle-crankle«-Mauer. Sie windet sich in einer Schlangenlinie, die für optimale Stabilität gegen den Winddruck sorgt, und stellt eine Höchstleistung des Maurers dar. Weiterer Sinn dieser Form ist außerdem, verschiedene Mikroklimate an der Mauer zu erzeugen, die durch unterschiedliche Sonneneinstrahlungswinkel entstehen. Eine solch ungewöhnliche Mauer findet nur in größeren Gärten ihre Bühne.

Zäune

Zäune dienen seit Urzeiten der Ausgrenzung der umgebenden Wildnis und gehören zur Grundausstattung des Gartens. Für den Garten im englischen Stil spielen sie nur eine untergeordnete Rolle und ihr Einsatz konzentriert sich auf den Vorgarten. Ist dieser formal gestaltet, sollte eine repräsentative Zaunanlage diesen Bereich stilvoll ergänzen. Ein klassischer, hoher Metallzaun bietet vor allem in der Stadt Sicherheit. Ihm stehen besonders Kletterrosen gut zu Gesicht, damit er nicht wie eine Barrikade wirkt, sondern eher als Rankgerüst wahrgenommen wird. Im englischen Garten können hübsche Zäune aus geblichenem Holz oder Weidengeflecht einen Cottage-Gartenbereich mit ländlichem Reiz betonen. Wie im heimatlichen Bauerngarten fassen sie mit rustikalem Flair die heiter entspannte Pflanzenmischung ein. Ein Gemüsegarten kann durch einen traditionellen, niedrigen Holzlattenzaun formal definiert werden und eventuell Hund sowie Hühnern den Eintritt verwehren. In England sind niedrige Weiden- und Haselnusszäune sehr in Mode. Geflochtene Teilstücke werden um die Beete gesteckt und das hübsche Flechtwerk gibt dem Themengarten einen bäuerlichen Rahmen. Im Winter bieten sie eine interessante Struktur, und im Sommer bündeln die Naturzäunchen den prachtvollen Mix aus Blumen und Gemüse wie ein schön geformter Erntekorb.

AUS DER PRAXIS

Hecken sind meine Passion! Aber ich gebe gerne zu, ich habe einen begnadeten »Heckenschneider«, der über ein gutes Auge, viel Geschick und ausdauernde Muskelkraft verfügt, um mein ausgedehntes Hecken-Kabinett perfekt in Form zu halten. Hecken sind für englischen Gartenzimmer ein »must«.
Bei der Planung bitte überlegen, wer diese schönen grünen Wände auf Dauer schneiden soll. Jeder passionierte Gärtner kann dies lernen. Mit einer guten, scharfen elektrischen Heckenschere und einer gespannten Schnur als Hilfsmittel entwickelt man mit der Zeit das notwendig Geschick. Und eine frisch frisierte Hecke belohnt jeden körperlichen Einsatz. Die Eibe *(Taxus baccata)* ist die langlebige, englische Hecken-Königin und eignet sich für niedrige wie hohe Hecken (1 bis 6 Meter). Sie ist ein sehr widerstandfähiges Gehölz: stadtklimafest, frosthart und windverträglich. Weil sie langsam wächst, reicht ein Schnitt pro Jahr. Die Eibe liebt nährstoffreiche, kalkhaltige Böden und gedeiht auch auf weniger optimalem Terrain. Allerdings verträgt sie keinen verdichteten, nassen oder sauren Boden und keine zu trockenen, sonnigen Standorte. Eine frühe Herbstpflanzung ist ratsam und gerade in der Anwachszeit sollten Sie ausreichend wässern: dann lebt Ihre Hecke wie in England 500 Jahre. Buchenhecken sind recht anspruchslos und robust – die Hainbuche *(Carpinus betulus)* noch mehr als die Rotbuche *(Fagus sylvatica)*. Sie sind wüchsig und brauchen meist zwei Schnitte im Jahr. Nur wenn eine sehr breite Hecke gewünscht wird, rate ich zu einer doppelreihigen Pflanzung, weil sich die Kronen der Heckenpflanzen nach außen drücken und dadurch das Schneiden erschweren.

Beispiele und Anregungen zur Inspiration

Oben: Hohe Rotbuchenhecken formen in meinem Sonnengarten in Köln ein Gartenzimmer mit Aussicht auf ein prachtvolles Sommerbeet. Sie schenken mit dicken, grünen Wänden innerstädtisch Intimität.

Unten: Die Oberfläche der Hainbuchenhecke wurde zum Halbkreis manikürt und schlägt einen optischen Bogen um die Urne.

Oben: Die Staffelung vieler perfekter Heckenwände schafft eine enorme optische Tiefe und erinnert an perspektivische Gemälde der italienischen Renaissance. Dies ist Heckenkunst in höchster Vollendung.

Unten: Die schnelle Lösung für riesige Hecken: Fertige Spalierlinden, in vier Etagen gezogen, schweben über einer Eibenhecke.

Rechts oben: Kühn gebogte Taxushecken verursachen optische Täuschungen und sorgen für Ruhe und Spannung gleichzeitig. Empfindliche Pflanzen gedeihen im milden Mikroklima des Heckenraumes.

Rechts unten: Im maigrünen Heckenzimmer liefern Topiary-Figuren unterhaltsame Akzente. Von niedrigen Buchsbaumhecken umschlossen, führen dunkelrote Tulpen ein elegantes Frühlingsschauspiel auf.

Rechts oben: Allerhöchste Heckenkunst am anderen Ende der Welt. In diesem neuseeländischen Garten bieten präzise Hecken nicht nur Schutz, sondern parzellieren ein langes Border in kleine Alkoven.

Rechts unten: Große Heckenkunst auf kleinem Raum. Das Gartenzimmerchen ist nochmals unterteilt durch niedrige Beeteinfassungen. Die Buchsbaumpyramide in der Mitte scheint wie auf einem Tisch präsentiert, sie wiederholt die Form der beiden Rankgerüste.

Unten: Holländische »freestyle«-Formalität: Die organischen Formen und die sehr unkonventionelle Anordnung der Eibenhecken dieser Freiluftgalerie könnten Trendsetter in Gärten englischen Stils werden.

Oben: Diese Wand wurde von Putz befreit und das schöne, alte Mauerwerk kam ans Licht. Spalierobst ziert nun die breite Fläche mit seinem grafischen Muster als lebendes Kunstwerk.

Unten: Die sehr hohe Mauer, aus unterschiedlich gefärbten Sandsteinquadern gebaut, vermittelt zusammen mit Zypressen italienisches Ambiente im Garten von Hever Castle in der Grafschaft Kent.

Rechte Seite: In meinem Rosengarten wurde diese Ruinenwand als Scheinarchitektur vor eine glatte Anstrichfassade gesetzt. Alte Feldbrandsteine, Bruchsteinumrandung und ein rostiges Fenster stellen ein altes Gemäuer dar.

Links oben: Die frisch errichtete Ruinenmauer wird nach kurzer Zeit Patina ansetzen und dann authentisch wirken.

Rechts oben: Eine Fensteraussparung lockert die große Wand auf und schafft spannende Einblicke in den Wassergarten.

Unten: Die qualitativ hochwertige Ziegelwand mit gekonnter Mauerkrone bildet eine stimmungsvolle Kulisse für das ausgefallene Formschnittpärchen mit englischer Bank.

Oben: Eine stabile Schlangenwand (»crinkle-crankle«-Mauer) ist ein optisches Highlight und produziert Kleinklimate, in denen sich Spalierobst besonders wohlfühlt.

Unten: Der geschützte Senkgarten wurde mit einer Ziegelmauer abgefangen und die gleichen Steine fanden hochkant für den umlaufenden Weg Verwendung.

Bögen und Laubengänge

Das einfachste Mittel im Garten, um Raumeindruck zu erzeugen, ist der Bogen. Er schafft mit relativ geringem Einsatz erstaunliche Perspektiven. Aneinandergereihte Bögen ergeben den beliebten Laubengang, der als grüner Tunnel zum lebenden Bauwerk wird.

Bögen

Der Bogen umrahmt einen Weg und bildet das Portal zum nächsten Gartenzimmer. Wie bei einer geöffneten Tür im Haus wird der Blick gebündelt und Neugier geweckt. Durch einen Bogen späht man erwartungsvoll in den anschließenden Themengarten und empfindet eine Atmosphäre des Geheimnisvollen. Gibt es einen Blickfang, wie eine Urne, eine Skulptur oder einen Brunnen, entsteht durch einen Bogen räumliche Tiefe und Spannung. Der Besucher wird in den nächsten Gartenraum förmlich hineingezogen. Die Öffnung in Bogenform deutet stets den Übergang zu einem anderen Bereich an, der damit als solcher klar definiert wird. Häufig finden sich Bögen in Heckenöffnungen, aber sie können auch

Links: In Abbey House Garden haben die Gartenbesitzer ein original antikes Steintor in eine Eibenhecke integriert. Es unterstreicht das historische Ambiente des sensationellen Gartens und rahmt den Blick in die Formschnitt-Galerie wie ein Passepartout ein.

Rechts: Der kleine Rosenbogen und die Trittsteine im Rasen leiten den Blick auf einen verborgenen Brunnen im lauschigen Grün.

solide Bauwerke aus Stein und Ziegel sein. Ob frei stehend oder in eine Mauer integriert oder als Heckendurchbruch, stets sind sie ein ausdrucksvolles Element.

Material und Pflanzen

Bögen aus Holz, Metall und Gitterwerk lassen sich gleichzeitig als Rankhilfen gestalten. In jedem Fall sollte die lichte Höhe 2,50 Meter betragen, um genügend Kopffreiheit zu gewährleisten. Gartenabschnitte werden durch Bögen zwar voneinander geteilt, aber durch die Begrünung entsteht eine Durchsichtigkeit, die sanft verbindet. In Eiben- oder Buchenhecken unterstreichen Durchgänge und fensterartige Durchblicke die Raum bildende grüne Architektur eines formalen Gartens, der so zum Abbild eines Freilufthauses wird.
Möchte man einen Bogen in eine Eibenhecke integrieren, sollten direkt am Durchgang zwei möglichst große Exemplare gepflanzt werden. So können die beiden hohen Pflanzen den Bogen schneller darstellen. Eibe *(Taxus)* ist auf Dauer zweifellos die ideale Pflanze für lebende Bögen, wegen ihrer dichten, ruhigen Oberfläche. Um den Bogen harmonisch zu formen, ist ein temporärer Metallbogen hilfreich. Ist dieser stabil und ansehnlich, kann er auch dauerhaft belassen werden. Ein solcher Hilfsbogen ist bei laubwerfenden Buchenhecken sehr sinnvoll, um der unruhigeren Heckenoberfläche im Bogen

GEHEIMNISVOLLE TÜREN

Ein Bogen mit einer soliden Tür signalisiert Verborgenes und weckt Neugier. Was mag sich dahinter verstecken? Dort kann sich ein »Secret Garden« befinden – oder es ist eine verschlossene »blinde Tür« und dahinter gar kein Garten vorhanden. Mit einer solchen Geheimtür versehen, steigern Bögen die Dramaturgie Ihres Gartens.

selbst eine exakte Form zu geben. Die schnellste grüne Lösung ist ein Torbogen aus Bastardzypresse *(× Cupressocyparis leylandii).* Dieser sehr wüchsige Nadelbaum kann in wenigen Jahren zu einem perfekten Bogen getrimmt werden.

Kleine Lösungen

Das Beranken von Bögen ist immer eine ebenso charmante wie rasche Lösung. Ein schlichter Metallbogen, mit einer Clematis, Rose oder einem Geißblatt umschlungen, bildet auch im kleinen Garten einen hübschen Rahmen, um den Blick zu leiten. Im Cottage Garden erzeugt er eine heitere, ländliche Atmosphäre. Wünschen Sie sich eine strenge, mehr architektonische Lösung, ist Efeu der richtige Partner. Seine dunkelgrünen Blätter bilden schnell eine klare Form. Er ist zudem sehr preiswert und pflegeleicht.
Ein Bogen, aus altem Baumaterial konstruiert und mit einer historischen Tür versehen – im antiken Baustoffhandel entdeckt oder auf einer Auktion erstanden –, ist eine in sich ausdrucksstarke Skulptur. Romantisch berankt und harmonisch ins Gartenkonzept eingebunden, krönt eine solch aufwendige Dekoration jeden Garten im englischen Stil. Hinter Tür und Tor kann sich der rückwärtige Gartenzugang oder etwas Unansehnliches verbergen, z. B. ein Schuppen oder gar Abfallcontainer. Vom Garten aus werden jedoch Spekulationen angestellt, ob sich dort Mysteriöses versteckt. Bühnenreif, wie in einem Agatha-Christie-Film, wird das Interesse geweckt, das Rätsel zu lösen. Very british!

Lauben

Eine Laube ist eine Metall- oder Holzkonstruktion, die sich über eine Bank wölbt und mehr oder weniger berankt ist. Auf jeden Fall ist die Rückseite hinter der Sitzgelegenheit geschlossen. Es ist ein beliebter Ort, um ungesehen den Garten zu genießen. Lauben haben immer eine hohe Anziehungskraft, weil sie gefühlten Schutz bieten und intim sind.
In viktorianischer Zeit waren Laubensitze äußerst beliebt und wurden gerne mit Duftpflanzen, wie Kletterrosen und Jasmin, berankt. Fertige leichte Laubenkonstruktionen sind heute im Handel erhältlich. Der ambitionierte Gartenfreund schafft sich jedoch mithilfe von Formschnitt eine Laube. Sofort erreicht er sein Ziel, wenn er in eine bereits bestehende Eibenhecke eine Nische schneidet. Ansonsten werden an drei Seiten Buchen gepflanzt, die zu einer Art Höhle erzogen werden.
Es ist ein besonderes Vergnügen, unter dem durchlässigen Blätterdach das Spiel von Licht und Schatten zu genießen.

Laubengänge

Laubengänge sind eine kurze Aufeinanderfolge von Bögen und im englischen Garten vielseitig einsetzbar. Sie sind wie grüne Tunnel. Architekten der italienischen Renaissance ließen sich von griechischen Vorbildern inspirieren und schufen Korridorsysteme aus Laubengängen, die mit Weinranken bewachsen waren. In unseren Breiten ist nicht der kühle Schatten gefragt, sondern der dekorative Aspekt. Ein Besuch des holländischen Barockschlosses Het Loo, in Apeldoorn, weckte vor vielen Jahren meine Vorliebe für dieses stark strukturgebende Gartenelement. Dort bildet ein umfangreicher Buchenlaubengang mit einer mächtigen Holzkonstruktion ein grünes Gewölbe, in dessen Schutz man wie verzaubert und scheinbar fern der Welt wandelt. In unserem Garten habe ich seitlich des Hauses einen Buchenlaubengang als Besuchereingang gewählt. Er nimmt die Gartenbesucher auf und leitet wie eine dunkler Tunnel zum überraschenden Licht im Inneren des Gartens. Unser Laubengang ermöglicht auch, ungesehen von Nachbarn, durch diesen Teil des Gartens zu flanieren. Die Metallkonstruktion aus verzinkten und schwarz gestrichenen Eisenrohren ist stabil genug, um die Buchenstämme und -zweige zu leiten und ein sicheres Gerüst für

Oben: Als Architekt legte Edwin Lutyens besondere Aufmerksamkeit auf bauliche Details. In Hestercombe Gardens sind die Säulen dieses Laubengangs aus flachen Natursteinen und Ziegeln lebhaft geschichtet.

Unten: Mit ihrem Goldregen-Laubengang hat Rosemary Verey in Barnsley House einen Trend gesetzt, der viele Gärtner in aller Welt zur Nachahmung inspirierte. Um diesen kraftvollen Effekt zu erzielen, müssen Zierlauch-Zwiebeln in wirklich großer Menge gesetzt werden.

den Formschnitt zu gewährleisten. Trotzdem ist das Metall grazil genug, um den geformten Buchenpflanzen den optischen Vortritt zu überlassen. Eine Holzkonstruktion wäre sehr viel massiver und weitaus anfälliger für Witterungseinflüsse.
Ein Laubengang sollte immer einen Sinn haben, sei es als Raumteiler oder zur Bildung einer Blickachse oder um unterschiedliche Gartenbereiche attraktiv zu verbinden. In jedem Fall müssen sich Form und Größe der gesamten Gartengestaltung anpassen. Eine ausreichende Kopffreiheit von mindestens 2,50 Meter Höhe sollte nicht unterschritten werden. Ein zu hoher Laubengang lässt aber das Gefühl der Geborgenheit vermissen. Zwei Personen sollten bequem nebeneinander gehen können. Daher sind zwei Meter die Mindestbreite für einen angenehmen Gartentunnel.
Der Laubengang in unserem Garten bildet mit seiner stets in Form geschnittenen Oberfläche ein wichtiges Strukturelement, das sich mit Blick von Haus und Terrasse perfekt in die Heckenlandschaft der Gartenräume einfügt. Ob im sommerlichen Grün, in goldener Herbstfärbung oder im winterlichen Kupferton, die Rotbuchen des Laubengangs schenken jahreszeitliche Abwechselung bei stets klarer Kontur.

Passende Pflanzen

Gibt es nicht genügend Erde für Buchen oder möchte man eine immergrüne Arkade, kann man seinen Laubengang mit zahlreichen Querstreben versehen und von Efeu *(Hedera helix)* beranken lassen. In manchen Gärten Englands werden Apfel- und Birnenlaubengänge aus Spalierobst gezogen, die mit fortschreitendem Alter immer knorriger werden. Berühmt und oft kopiert ist der Goldregengang in Barnsley House, wo unter gelbem Himmel die lila Blütenbälle des Zierlauchs *(Allium)* rollen. Mit gutem Gewissen kann man auch eine weniger formale Berankung mit verschiedenen Kletterpflanzen nebeneinander wählen, wie Rosen, Clematis *(Clematis)*, Glyzinen *(Wisteria)* oder sogar einjährigen kraftvollen Schlingern, wie Flaschenkürbis *(Cucurbita)* oder Kapuzinerkresse *(Tropaeolum)*: Ein Laubengang behält immer sein klares Gerüst.

Pergolen

Schon Wandgemälde in Pompeji zeigen Pergolen. Sie erfreuten sich bereits in der Antike großer Beliebtheit. Eigentlich sind die dekorativen Schattenspender im sonnigen Süden zu Hause, aber in England schätzt man sie als Raumteiler. Sie haben im Gegensatz zum Laubengang keine gewölbten, sondern waagerechte Querbalken. Tritt der Besucher aus dem gedämpften Licht einer dicht bewachsenen Pergola ins Freie, erscheint der Garten größer und glanzvoller. Wie der Laubengang sollte eine Pergola mit einem Blickpunkt enden, sei es eine Bank oder Gartendekoration oder ein interessanter Ausblick. Die weiter entfernt stehenden Stützpfeiler lassen eine Pergola luftiger und weniger formal erscheinen. Die Querpfosten einer Pergola sind stets aus Holz, während die Pfeiler durchaus aus Ziegel oder Natursteinen gebaut sein können. Eine Pergola aus vorfabriziertem Gitterwerk bietet einen Flurcharakter und die Lücken sind wie offene Fenster.

Konstruktion und Gestaltung

Beim Einsatz von Holz sollte man immer an eine schützende Imprägnierung denken, weil sonst der Spaß nur von kurzer Dauer ist. Berühmt sind die ideenreichen Konstruktionen von Edwin Lutyens. Er entwarf runde oder rechteckige Säulen, die aus flachen Steinen oder dünnen Ziegelplatten aufgeschichtet wurden. Um einen formalen Garten zu bereichern, muss eine Pergola von entsprechender Länge sein und die Abstände der Pfosten sollten gleich groß sein, um ein Raumgebilde zu erzeugen. Der Boden einer Pergola wird durchgehend gleich gestaltet. Die Ranker können spielerisch abwechslungsreich sein, regelmäßige Wiederholungen erzeugen trotz der Vielfalt

Oben: Die gewaltige Pergola von Hever Castle verströmt mit Sandsteinsäulen und -bögen italienische Grandezza. Knorrige Lianen von Blauregen erzeugen eine spannende Dachstruktur, die vom Maigrün der Blätter aufgehellt wird.

insgesamt ein ruhiges Bild. Eine Pergola an ein Haus oder eine hausnahe Mauer gebaut, schenkt einen halboffenen Raum, überdacht aber doch unter freiem Himmel. Die weitgereiste Vita Sackville-West hatte neben ihrem Speisehaus eine Pergola mit Essplatz: im englischen Garten eine eher seltene Variante.

Weitere Rankhilfen

Im Garten kann das häufig vernachlässigte vertikale Element mit unterschiedlichen Rankgerüsten betont werden. Senkrechte sind nicht nur Stützen für Kletterpflanzen, sondern bringen optische Höhe in einen Bereich ohne Bäume. Immer erschließt eine solche Konstruktion die dritte Dimension, die sonst oft im wahrsten Sinne des Wortes »flachfällt«! Rankhilfen in Beeten können aus Metallstäben in Form von eleganten Pyramiden oder Säulen gestaltet sein und eine Endverzierung, wie z. B. eine Kugel, aufweisen oder auch nicht. Konstruktionen aus massivem Eichenholz erscheinen dagegen viel kompakter und können nur in sehr großen Gärten ihren Platz finden. Die Wiederholung von aufstrebenden Rankhilfen bringt wohltuende Ruhe und Ordnung in üppige Rabatten. Kegelförmiges Korbgeflecht aus Weide oder Hasel dient auf naturnahe Weise als Rankhilfe für zarte Kletterpflanzen wie Wicken *(Lathyrus odoratus)*. Ein wenig kletternder Efeu *(Hedera helix)* am Fuße von klassischen Säulen und Heldenfiguren mildert ihre Strenge, ohne ihnen die Würde zu nehmen.

Frei stehende Treillagen

Frei stehende Treillagen wurden schon früh in der Gartengeschichte als Ersatz für Hecken und Mauern benutzt. Die kunstvollen Gitterkonstrukte sind halbtransparent und luftdurchlässig. Sie umschließen Gartenräume, ohne den Blick nach draußen zu verschließen.

Links: Treillagen in Pyramidenform schenken dem kleinen Gartenraum mit ihrer aparten Farbe und Form noch mehr Raumwirkung sowie Eleganz.

Ihren Höhepunkt fanden Treillagen im 18. Jahrhundert, wo ganze Trennwände aus kunstvollen Gitterpaneelen konstruiert wurden. Diese wurden häufig als Trompe-l'œil (wörtl. Augentäuschung) verwendet. Mittels perspektivischer Täuschung ließen sie Gartenteile größer erscheinen, als sie tatsächlich waren. Besonders gut passen Treillagen in Stadtgärten, dort gefallen sie außer in klassischem Dunkelgrün oder Schwarz auch in mutigeren Farben wie Taubenblau. Enges Gitterwerk schafft sehr intime Gartenbereiche. Ein weiteres Raster trennt und vermittelt gleichzeitig zwischen den unterschiedlichen Arealen.

Von leichten Treillagen aus Weichhölzern in Baumarktqualität sollte man unbedingt absehen, weil sie eine sehr kurze Lebensdauer haben. Stabiles und schönes Gitterwerk lässt sich in allen Formen und Größen erwerben oder aus Flacheisen schweißen. Verzinkt und lackiert tragen sie das Gewicht der Pflanzen und halten ein Leben lang.

SCHATTENSPIELE

An einer Wand schaffen Gitterpaneele mit unterschiedlichen Rastergrößen räumliche Illusionen. Ihr Licht- und -Schatten-Spiel wirft im Sonnenlicht oder nachts mit geschickter Beleuchtung ein lebendiges Muster auf die Wände.

AUS DER PRAXIS

Ob Bogen, Laube, Pergola oder Laubengang – ich empfehle in jedem Fall, eine sehr stabile und dauerhafte Konstruktion zu wählen. Es ergibt sich immer wieder die Notwendigkeit, an den Rank- oder Heckenpflanzen zu arbeiten. Sei es, um Efeu in Form zu bringen, Kletterrosen zurückzuschneiden oder Verblühtes zu entfernen.

Meine persönlichen Favoriten sind Metallgestänge aus stabilen Rohren mit einem Durchmesser von etwa vier Zentimetern aus verzinktem Eisen. Schwarz lackiert sind diese Gerüste unauffällig und halten viele Jahrzehnte.

Auch das enorme Gewicht von Rank- und Heckenpflanzen unter Schneelast ist zu bedenken.

Neben einem optisch schönen Anblick muss eine solche Konstruktion auch einen hohen praktischen Wert haben. Daher haben meine Lauben und Laubengänge immer zwischen den Bogenrohren stabile, angeschweißte Querstreben, die der Stabilität dienen. Ich kann diese als Leiter nutzen. Rohrstangen sind – in Gegensatz zu Flacheisen – beim Besteigen sehr angenehm für Hände und Füße.

Am Anfang hilft dies sehr, Ranker emporzuleiten oder Buchen- bzw. Eibenzweige am Gestänge zu befestigen.

Beim Rückschnitt von Buchen, Eiben oder Rosen sollte eine solche Metall-Laube den »kletternden Gärtner« tragen können.

Beispiele und Anregungen zur Inspiration

Oben: Diese bildschöne Laube besteht aus einer Metallkonstruktion, die effektvoll mit Efeu berankt ist. Exaktes Trimmen des munteren Rankers ist für die gewünschte Wirkung zwingend notwendig.

Unten: Die Holzbank unter einem Laubenbogen aus Efeu und Blauregen lädt zum gemütlichen Verweilen ein. Der rückwärtige Schutz besteht aus efeuberankter Wand und Spalierlinden. Er beschert Intimität ohne nachbarliche Einsicht.

Oben: Der voluminöse Bogen setzt mit seinem zweifarbigen, großblätterigen Efeu einen deutlichen Schwerpunkt, der auch einem ruhigen Umfeld gut stehen würde. Mit Efeuranken lassen sich immer sehr schnell nachhaltige Effekte erzielen.

Unten: Die bequeme Holzbank mit hoher Rückenlehne vor einem schützenden, alten Gemäuer ist von einer Geißblatt-Laube umrahmt. Der honigsüße Wohlgeruch der vitalen Rankpflanze paart sich mit dem Duft Alter Rosen: mehr Romantik geht nicht!

Rechts oben: Die Staffelung vieler eng stehender Bögen löst einen Tunneleffekt aus. An den robusten Eisenrohren werden Spalieräpfel gezogen, die in einigen Jahren einen stabilen, eigenständigen Laubengang bilden werden.

Rechts unten: An den flachen Bögen ranken Weinreben, die zu einem lauschigen Runddach gereift sind. Wie durch ein Fernrohr wird der Blick auf den jenseits von Brunnen stehenden zweiten Laubengang gelenkt.

Linke Seite: Diese Konstruktion aus Metallrohr und Holztreillagen gibt ein besonders gutes räumliches Gefühl. Durch ein ausgeschnittenes Fenster schaut man von der Bank aus in den umliegenden Garten.

Oben: Der herbstliche Buchenlaubengang in meinem englischen Garten in Köln vergoldet den Besuchern den Eintritt in den Garten.

Unten: Alle Zutaten für einen englischen Garten auf einen Blick: Rasen, Rosen und Rundbogen. Aus dem Prachtborder heraus spannt sich eine weiße Rambler-Rose über den Weg und verstärkt den Fokus auf die tanzende Putte als Blickfang.

Oben: Die rhythmische Sammlung von Buchsbaum-Formschnitten in Kies gebettet erzeugt eine elegante Symmetrie. Wie in einer Galerie entsteht ein Bild voller Harmonie und Spannung zugleich.

Unten: Eine schnelle Maßnahme unliebsame Ausblicke in die Nachbarschaft zu verstecken sind Spalierlinden. Diese werden von Baumschulen in fertiger Form mit waagerecht gezogenen Ästen angeboten und in einer Reihe gepflanzt erscheint das Blattwerk wie eine dichte grüne »Gardine«.

Formgehölze und Topiary

Formschnitt bedeutet, das natürliche Wachstum von Pflanzen durch regelmäßiges Beschneiden und Trimmen zugunsten geometrischer oder skulpturaler Formen zu lenken. Der Gärtner bestimmt Kontur und Größe der Formgehölze, die von schlichten Hecken bis zu komplizierten grünen Kunstwerken reichen. Er modelliert mit seiner Schere zeitlos schöne und exklusive Formpflanzen. Zumeist handelt es sich um immergrüne Sträucher, besonders Buchsbaum und Eibe, die zur grünen Architektur werden und dem englischen Garten Struktur verleihen. Das Spektrum dekorativer Formen spannt sich von exakter Geometrie, wie Kugeln und Würfel, bis zu extravaganten Fantasiegestalten, die reizvolle Akzente setzen. In Formgehölzen sind die scheinbar gegensätzlichen Pole »Kunst« und »Natur« wunderbar vereinigt.

Lange Historie

Geformte Pflanzen sind ein immer wiederkehrendes Element in der Geschichte der Gartenkunst. Schon im alten Ägypten gab es Formschnitt an Gehölzen, und heute blickt diese Kunst auf eine lange, kontinuierliche Tradition zurück. Die Römer fanden großen Gefallen an kunstvollen Formgehölzen. Plinius der Ältere (23–79 n. Chr.) berichtet in seinem Werk »Historia naturalis« von geometrischen und figürlichen Kunstwerken in Grün. Sein Ziehsohn, Plinius der Jüngere (ca. 62–110 n. Chr.), beschrieb geschnittene Hecken auf seinem Landgut Tuscum sowie fantasievolle Buchsbaumformen bis hin zu naturalistischen Tiergestalten. Geformte Pflanzen wurden zur wahren Modeerscheinung. Sie waren in den Villen wohlhabender Römer zu sehen, und mit dem römischen Imperium gelangte das Wissen von der Pflanzengestaltung in weite Teile Europas. Während der Renaissance fand in England, als Rückbesinnung auf die Antike, eine Wiederbelebung der Formschnittkunst römischer Zeit statt. Fast jedes Formschnittelement lässt sich auf die Angaben der beiden Plinius-Herren zurückführen.

Der allegorische und esoterische Liebesroman »Hypnerotomachia Poliphili« (1499), von Francesco Colonna, verwendete Quellen der Antike und hatte mit seinen Abbildungen und Visionen fantastischer Gärten Einfluss auf die Gärtner der folgenden Generationen. In England erschienen Gartenbücher, die auf dem antiken Wissen beruhten und mit praktischen Hinweisen zu den ersten Bestsellern des Gartenbaus wurden. Mit großer Begeisterung orientierte man sich am italienischen Gartendesign, und der englische Spieltrieb wuchs sich bis zum Exzess reiner Figurengärten aus. Pflanzen wurden zum Gartenbaumaterial. Im 18. Jahrhundert schlug das Pendel englischer Gartenkunst zugunsten naturalistischer Landschaftsgärten um. Fast alle kunstvollen Formschnittwerke verschwanden. Wie Flüchtlinge entkamen die bizarren Monumentalfiguren von Levens Hall in der entlegenen Grafschaft Cumbria. In kleinen Gärten allerdings überlebte der dekorative Formschnitt und wurde sogar von Gertrude Jekyll als legitimes Mittel der Gartengestaltung gewürdigt. Zu Beginn des 20. Jahrhunderts feierte vor allem geometrischer Formschnitt sein großes Comeback und wurde zur Leitstruktur architektonischer Gärten. Das Schneiden von Figuren aus Pflanzen wurde zu einer Art Volkssport und es entstanden amüsante Formen, die bis heute faszinieren. Auch im 21. Jahrhundert erfreut sich die Kunst mit der Heckenschere großer Beliebtheit auf den Britischen Inseln wie auch auf dem europäischen Festland.

Klare Linien

Im englischen Garten bilden Formgehölze als grüne Architektur das Hauptmerkmal dieses Gartentypus. Wie lebende Mauern und Skulpturen dienen sie einer tatsächlichen und optischen Raumbildung. Ihre plastische Natur mit starken Kontrasten schafft im Garten einen Eindruck von Tiefe und räumlicher Wirkung. Diese Illusion wird durch das Wechselspiel von Licht und Schatten hervorgerufen. Deshalb nützen

Oben: Die Abfolge mehrerer Eibenhecken vor dem Hintergrund einer hohen Hainbuchenwand erzeugt große optische Tiefe und bildet eine grandiose Bühne für Skulpturen.

Unten: Mit einem ganzen Kaleidoskop an Formschnitten überrascht Abbey House Garden: Aus Buchsbaum geschnittene Kleinhecken und Spiralen, Ligusterlollipops und gar ein in Eibe gemeißeltes Gesicht erwarten den Besucher hier.

Rechte Seite: Gebettet in klare und strenge Buchenhecken, beeindrucken die beiden Knotenbeete meines englischen Gartens in Köln gerade im Winter und demonstrieren die hohe Kunst des englischen Formschnitts.

einzelne noch so schöne Solitäre sehr wenig. Erst in größeren Mengen gepflanzt, übernehmen Formgehölze in Gartenzimmern die Funktion von Gebäudeteilen, wie Wänden oder Portalen. Die Gesamtkonzeption eines formalen Gartens lebt von den strengen Linien geometrischer Formgehölze, die das ganze Jahr über eine feste Struktur verleihen. Mit eigenständigen Formgehölzen lassen sich Schicht um Schicht Sichtachsen aufbauen. Wie bei den Kulissen einer Bühne werden die einzelnen Elemente so arrangiert, dass sie auf kleinem Raum intensive visuelle Empfindungen wecken. Dieser Eindruck entsteht besonders, wenn diverse Formen oder unterschiedliche Größen kombiniert werden. Eine gute Möglichkeit, Perspektiven zu manipulieren, besteht darin, dieselbe Form, z. B. Eibenpyramiden, als Doppelreihe entlang einer Sichtlinie aufzupflanzen. Die größten Objekte pflanzt man dabei nach vorne. Sie stehen dem Betrachter am nächsten. Am Ende der sich leicht verjüngenden Achse werden kleinere Exemplare gesetzt.

Architektonische Formschnitte erhalten während aller vier Jahreszeiten ihr Erscheinungsbild. Im Frühjahr und Sommer schaffen sie den schlichten Rahmen und Hintergrund für opulente Gartenbepflanzungen und geben im Herbst optischen Halt beim Abschied der Vegetation. Ihren eigenen Höhepunkt haben immergrüne Strukturgehölze jedoch im Winter. Mit Treue und Beständigkeit feiern sie zu Weihnachten ihr Fest. Lange Winterschatten werfen dann spannende Muster auf den schlichten Rasen. Ob an trüben Tagen oder schön mit Raureif und Schnee verziert, schenkt die grüne Architektur dem Gartenliebhaber reizvolle Anblicke und lässt den Garten auch in dieser eher tristen Zeit zugleich lebendig und voller Ruhe erscheinen.

Im Winter zeigt sich die wahre Kunst eines formalen Gartens, der mit seinen geschliffenen Konturen und seiner klaren Formgebung die Harmonie seiner Gestaltung gerade jetzt zum Besten gibt. Goodbye Wintertristesse!

Buchs als Strukturgeber

Wie bereits beschrieben, sind hohe Hecken das grüne Gerüst eines formalen Gartens. Kleine Hecken aus Buchsbaum umranden Beete und gliedern Gartenzimmer in einzelne Kompartimente. Ihren Ursprung haben die lebendigen Einfassungen in den Klostergärten. Dort trennten sie verschiedene Kräuter- und Arzneipflanzen. Nach historischen Vorbildern unterstreichen immergrüne Miniaturhecken die Raumaufteilung innerhalb des Gartenzimmers. Sie sind ein gefälliger Kontrast zur lebhaften Beetbepflanzung. Niedrige Buchs-

GUT IN FORM

Für einen perfekten Formschnitt brauchen Sie Perfektionismus und professionelles Werkzeug. Haben Sie sich für Formschnitt im englischen Stil entschieden, wollen Sie ganz sicher ein optimales Ergebnis erzielen. Nur wirklich scharfe Klingen liefern exakte Resultate und nur diese machen einen exzellenten Formschnitt aus. Erwerben Sie nur die besten Scheren, die nach meiner Meinung aus Japan kommen. Große Flächen können mit einer scharfen elektrischen Schere getrimmt werden, aber bei den feinen Figuren müssen Sie mit der Handschere ran: Das ist gärtnerische Meditation!

baumhecken halten den Garten in Fasson und strukturieren fast unauffällig das Gesamtkonzept. Sind ihre Konturen kastenförmig geschnitten, wirken die Einfassungen streng und können mit Eckelementen, z.B. Kugel, Kegel oder Würfel, geschmückt werden. Rundlich geschnittene Buchsbaumeinfassungen wirken gefällig wie grüne Kordeln, die allerdings eine geübte Formschnitthand brauchen. Beeteinfassungen müssen nicht durchgängig sein, sondern können durch geschickte Anordnung in unterschiedlichen Höhen das vertikale Element betonen und einen Takt in eine lockere Bepflanzung bringen. Der weiße Garten von Sissinghurst hat sämtliche Beete mit gleich hohen Hecken gefasst. In unserem weißen Garten haben wir entlang der sich kreuzenden Hauptwege auf die niedrigen Hecken verzichtet, damit hier die Beetpflanzen sich auf den Weg hin ausdehnen und die Steinkante »entschärfen« können. An den äußeren Ecken der Beete wurden kräftige Buchspflanzen *(Buxus sempervirens* var. *arborescens)* gepflanzt, die als kompakte Quader das Spiel unterschiedlicher Heckenhöhen bündeln.

Figürliche Scherenkunst

»Ars topiaria«, im Englischen »topiary«, wird laut Wörterbuch der europäischen Gartenkunst als »kunstvolle, besonders figürliche Gehölzschnittkunst« definiert.
Abgeleitet vom lateinischen »topiaria«, der Kunstgärtnerei, wird der Begriff vor allem in England für geformte Natur verwendet. Für mich bedeutet Topiary eine spezielle Richtung des Formschnitts, die über den Heckenschnitt hinausgeht. Sie bezeichnet ausgefallene Formen, ja wahre Schmuckstücke der Scherenkunst, die auch eine Spur von feinem Humor einschließen. Immer sind Topiary-Elemente ein konstanter Blickfang und dank regelmäßigen Schnittes ein attraktives Bild ohne Veränderung. Topiary gilt als das Symbol für die englische Gartennation, vielleicht sogar mehr als der in England entstandene Landschaftsgarten.
Topiary definiere ich als extravagante grüne Naturskulpturen, die mit meisterlichem Pflanzenschnitt aus immergrünen kleinblättrigen oder -nadeligen Gehölzen modelliert sind. Kleinere Figuren sind aus Buchsbaum geschnitten, während für größere Kunstwerke Eibe ideal ist. Häufige Verwendung finden präzise geschnittene, geometrische Formen wie Kugel, Kegel, Quader, Säule und Kombinationen daraus. Spindeln sind Kegel, die wie ein Korkenzieher aussehen, mit einer um den Stamm aufwärts laufenden Wulst. Eine Besonderheit sind Etageren, die an eine mehrstöckige Torte erinnern. Über einem Würfel schließen sich in gleichmäßigen Abständen um den mittigen Stamm nach oben mehrere tellerartige Stockwerke an. Gekrönt wird die Figur von einem runden oder spitzen Kegel.
Gut geeignet sind auch Ilex-Arten, z.B. *I. aquifolium,* deren Seitentriebe von Natur aus etagenartig angeordnet sind. Auch Eiben lassen sich von geübter Scherenhand und mit mathematischer Präzision in makellose Etagenbäume wandeln. Auf Highgrove, dem Landsitz von Prince Charles, wurden große

Oben: Hund, Katze, Ente oder Wolpertinger? Bei figürlichem Formschnitt aus Buchsbaum schwingt immer eine Portion britischen Humors mit.

Unten: Ein Knotengarten ist vielleicht die »englischste« Formschnittkunst. Pflanzenbänder aus Buchsbaum und Berberitze sind so gesetzt und geschnitten, dass sie den Eindruck eines lockeren, ornamentalen Schmuckknotens erzeugen.

vorhandene Goldeiben zu ausgefallenen Unikaten gestutzt. Diese Allee von Fantasieformen am Thymianweg ist das markante Erkennungsmerkmal des royalen Landgartens. In Gärten Englands findet sich ein ganzes Figurenkabinett mit lustigen Tier- und Fantasieformen nach dem Motto »teapots and peacocks« (Teekannen und Pfauen). Berühmt sind die Teekannen und grünen Eibenvögel von Great Dixter oder die Pfauentauben im weißen Garten von Hidcote. Im Park von Knightshayes in Devon wird auf einer Hecke ein flüchtender Fuchs immerzu von Hunden gehetzt: very british! Possierliche Bären oder gar ein ganzes Schachspiel erheitern den Gartenbesucher mit englischem Humor.

Buchsbaum-Kunstwerke

In kleinen Gärten Hollands erfreuen sich traditionell verspielte Buchsbaum-Kunstwerke großer Beliebtheit. Seit Langem haben Gärtner dort erkannt, dass ausgefallene Buchsbaumkreationen selbst auf kleinem Raum jeden Garten aufwerten und ihm ein ganz eigenes Gesicht verleihen. Selbst winzige Gärten in holländischen Metropolen werden mithilfe von immergrünen Scherenfinessen zu exklusiven Gartenräumen und eleganten Stadtoasen, die ihrem Besitzer Individualität schenken. Werden ausdrucksvolle Figuren, wie Spiralen oder gestaffelte Pompons, mit modernen Leuchten raffiniert angestrahlt, kann sich der urbane Gartenfreund auch nachts an seinem grünen Meisterstück erfreuen.
Mit Ausnahme von verspielten Unikaten sollten Topiary-Schöpfungen zumindest als Paar auftreten. Zu viele wirken jedoch rasch kitschig! Die Symmetrie ist das offene Geheimnis des formalen Gartens. Figürliche Solitäre können höchstens das Zentrum eines Beetes oder Parterres bilden. Zwei gleich geformte Exemplare sind als Torfunktion passend, wäh-

Links: Rosenfülle liebt Struktur: Das zentrale, streng geometrische Buchsbaumparterre sammelt die Gartenkräfte. Es erdet und ordnet duftige Rosenwolken, und der starke Kontrast hebt die beiden konträren Ansätze noch hervor.

Rechts: Typisch für englische Gartenkunst. Formgehölze in Pflanzgefäßen können überall platziert werden und den Standort auch mal wechseln. Sie sprechen unmittelbar eine klare Sprache, wie diese winterliche Buchsbaumspirale.

rend alle geometrischen Figuren immer mehrfach, am besten in Paarzahl, positioniert werden. Eine strenge Wiederholung von Kugeln oder Kegeln bringt einen Rhythmus in ein Gartenzimmer und geradezu klangvolle Noblesse. Ein gutes Beispiel sind die vornehmen Kegel von Athelhampton.

Parterres und Knotengärten

Parterres sind ein eigenständiges Gartenelement aus niedrigen Hecken, die man gerne von einem erhöhten Ort, wie einer Terrasse oder aus der »beletage« des Hauses, betrachtet. Broderien sind Miniaturhecken mit Arabeskenmustern wie Spitzendeckchen und vermitteln einen barocken Eindruck. Aber ein wahrhaft englisches Parterre ist der Knotengarten.

Knoten bestehen aus verschiedenen Pflanzenbändern, die so gepflanzt und geschnitten sind, als wären sie wie Kordeln miteinander verschlungen. Sie waren im 16. Jahrhundert das Lieblingsornament herrschaftlicher Gärten, verschwanden aber später zugunsten neuer Stile gänzlich. Seine Wiedergeburt erlebte der Knotengarten in den 1980er-Jahren durch Rosemary Verey, eine Ikone englischer Gartenkunst. In Barnsley House schuf sie ihren berühmten Knotengarten nach historischen Vorbildern und setzte damit einen neuen Trend. Die verwobenen Muster erscheinen besonders magisch, wenn das Sonnenlicht morgens und abends in spitzem Winkel auf die Gehölzbänder trifft und ein lebhaftes Schattenspiel erzeugt. Für das scheinbare Unter- und Übereinander der Pflanzenschnüre eines Knotens nimmt man heute gerne verschiedenfarbigen Buchsbaum und auch rotlaubige Berberitze, die das Webmuster akzentuieren. Die

Oben: Im schönsten formalen Garten Neuseelands schweben runde Lorbeerkronen über Buchsbaumwolken à la Jacques Wirtz. In unserem Klima müssten die Bäumchen allerdings im Kübel frostfrei überwintern.

Zwischenräume werden am besten schlicht mit hellem Kies ausgefüllt, um die Knoten in ihrer Farbe und Plastizität hervorzuheben. Knotengärten sind ein äußerst attraktives Parterre und passen hervorragend in einen englischen Garten. Sie rufen immer Erstaunen hervor sowie Anerkennung und sind zudem äußerst pflegeleicht. Zweimal pro Jahr geschnitten, garantiert ein Knotengarten in seiner Extravaganz einen spektakulären Anblick zu allen Jahreszeiten.

Formgehölze in Containern

Gerade im kleinen Garten lässt sich mit guten Formgehölzen in Containern relativ schnell formales Ambiente englischen Stils realisieren. Buchsbaumfiguren in Töpfen ermöglichen einfaches Positionieren und erleichtern die Neugestaltung eines Gartenbereichs. Gerade im bunten Durcheinander von Cottage-Gärten können Buchsfiguren zu einer angenehmen Gliederung der üppigen Beete verhelfen. Wo immer ein Formschnittgehölz, ob Kugel, Kegel oder Fantasieform, platziert wird, präsentiert es sich als Blickfang und Ruhepol zugleich. Ein ausgefallenes Einzelstück wirkt sehr dominant und braucht ein entsprechendes Umfeld. Einfachere

TÖPFE VERSENKEN

In einer flächigen Buchsbaumbepflanzung wirken herausragende Kugeln oder Kegel sehr belebend. Eine simple Art, dies zu erzielen, ist, Töpfe mit diesen Formschnitten in die Buchsfläche einzubetten. Dies ist eine ebenso schnelle wie einfache Lösung, die besonders für Vorgärten geeignet ist.

Formen sehen en masse sehr attraktiv aus. Ihre regelmäßige Anordnung in Töpfen erhöht den Grad an Formalität und ermöglicht eine Flexibilität im Gebrauch. Findet sich ein endgültiger Standort für das Formgehölz, ist das Auspflanzen angebracht.

Vertikale Formschnittelemente

Für die vertikale architektonische Gartengestaltung bieten sich Hochstämme an. Die Stechpalme *Ilex × meserveae* wird als schlichte grüne, sehr winterharte Pflanze angeboten. Die hübschen gelb oder weiß panaschierten Sorten von *Ilex ×altaclerensis* sind besonders auffällig, aber etwas frostempfindlich. Lorbeerbäumchen gibt es in vielen Formen. Tragen sie einen Kugelkopf, werden sie wegen ihres plastischen Eindrucks »lollipops« genannt. Lollipops werden auch aus Liguster angeboten. Die nicht winterharten Kübelgewächse können im Frühjahr in den Garten gestellt werden, oder man pflanzt sie mitsamt Topf aus und holt sie im Herbst wieder in das Glashaus.
Auch im 21. Jahrhundert setzen die Stars unter den englischen Gartendesignern auf Formschnitt. Als »Best in Show« wurde der Ausstellungsgarten von Tom Stuart-Smith auf der Chelsea Flower Show 2008 von den Besuchern gewählt. Herausragendes Merkmal seiner Symphonie in Grün waren geformte Hainbuchenbäumchen, die wie kleine Blattwolken den modernen Schaugarten durchzogen. Die sensationellen Formgehölze lieferte Bruns Pflanzen-Export aus Bad Zwischenahn. Tom Stuart-Smith verkündete, heute kämen seine besten Formschnitte aus dieser Traditionsbaumschule in Deutschland. Darauf kann der deutsche Gartenbau stolz sein!

Fazit: Kein architektonischer Garten im englischen Stil kommt ohne Formschnitt aus!

AUS DER PRAXIS

Niemand spricht gerne über Krankheiten und Buchsbaum-Erkrankungen sind allen Gärtnern ein Gräuel. Aber man muss den Tatsachen ins Auge sehen. Heute ist Buchsbaum leider mit Vorsicht zu genießen. Sein größter Feind ist der Buchsbaumpilz *(Cylindrocladium buxicola)*, der sich besonders bei warm-feuchter Witterung rasant ausbreitet. Der beste Standort für Buchsbaum ist eine sonnige Fläche, wo die Pflanzen luftig stehen und rasch abtrocknen können. Wird eine Infektion an den typisch orangebraun verfärbten Blättern erkannt, ist sofort ein kräftiger Rückschnitt notwendig oder gar die Rodung der betroffenen Pflanzen. Das Pflanzenmaterial sollte im Hausmüll entsorgt werden, um weitere Infektionen zu verhindern. Eine zuverlässige chemische Bekämpfung gibt es nicht. Seit einiger Zeit macht sich ein weiterer Feind breit: der Buchsbaumzünsler. Die etwa fünf Zentimeter lange, gefräßige Raupe, aus Asien eingeschleppt, kann in kurzer Zeit großen Schaden anrichten. Meist erkennt man einen Befall an weißem Gespinst und den gelb-grünen Larven, die man möglichst schnell absammeln sollte.
Das Fazit ist leider: Buchsbaum kann nur noch mit großen Bedenken empfohlen werden. Was aber gibt es für eine gesunde Alternative? Ein dem Buchsbaum täuschend ähnlich sehender Ersatz heißt *Ilex crenata* 'Dark Green' und ist gegen Pilz und Zünsler resistent. Das immergrüne Stechpalmengewächs eignet sich vorzüglich für jeden Formschnitt. Eingewurzelt ist er sehr gut winterhart. Er liebt hohe Luftfeuchtigkeit und ist schattenverträglich. *Ilex crenata* 'Dark Green' wächst langsam und toleriert Hitze sowie Trockenheit nicht gut. Andere *Ilex crenata*-Sorten wie z. B. 'Stokes' oder 'Convexa' sind weniger buchsbaumähnlich.

Beispiele und Anregungen zur Inspiration

Oben: Eine hohe Buchenhecke zur Rechten und der lang gestreckte Buchsbaumblock sowie die schnurgerade Reihe von Kugelbäumchen bilden den ruhigen und strukturierten Hintergrund für das Blumenborder an einer Rasenfläche.

Links: Die Buchsbaum-Kompartimente ordnen verschiedene Lavendelsorten und bilden zusammen mit den Formschnittbäumchen, die wegen ihrer Form als »Lollipops« (Lutscher) bezeichnet werden, klare Strukturen zu allen Jahreszeiten.

Rechts oben: Auf kleinem Raum schaffen Hecken und Einfassungen in unterschiedlicher Form und Höhe Abgrenzungen und raffinierte Sichtachsen zugleich. Die weiße Büste wird von einer musealen Heckennische optisch hervorgehoben.

Rechts unten: Reizvolle Hecken, ideenreicher Formschnitt und niedrige Buchsbaum-Einfassungen sind das immergrüne Rückgrat von Abbey House Garden. Nach dem Blütenfeuerwerk der Schwertlilien bleiben diese Strukturen zu jeder Jahreszeit attraktiv.

Oben: Die starken Komplementärfarben Rot und Grün beleben den hellen Hintergrund. Der Miniaturpfau aus Buchs erheitert die Szene.

Unten: Niedliche Formschnitttiere, wie diese Eier legende gekrönte Ente, lockern mit ihrer Verspieltheit strenge Gartenzimmer auf und geben gerne den Anstoß zu Gartengesprächen.

Oben: Einen solch frechen Spatzen aus Eibe zu modellieren ist nicht nur Ausdruck britischen Humors, sondern auch die hohe Schule der Formschnittkunst. An diesem sehr alten, grünen Kunstwerk haben schon viele Gärtner ihre Heckenscheren gewetzt.

Unten: Great Dixter ist das Reich der »teapots and peacocks«. Hier stehen sich zwei herrliche Beispiele von Teekannen gegenüber und huldigen dem immer noch so beliebten englischen Heißgetränk.

Oben: Die Tierfiguren und Kugelformen schenken hier angenehme Ruhe und dauerhafte Struktur. Die hohen vertikalen Formschnittelemente stellen ein wohltuendes, ordnendes Element in der temperamentvollen englischen Bepflanzung dar.

Unten: Dynamik und Ruhe: Die exakten und ruhigen Beeteinfassungen aus Buchsbaum bilden den Gegenpol zu der sich schwungvoll bewegenden Putte. Die Buchs-Vögel genießen den Anblick und würzen das Ganze mit etwas britischem Humor.

Oben: Im Buchsbaum-Herzen pulsiert rote Saisonbepflanzung. Nach den flammenden Tulpen könnten als Sommerflor rote Petunien oder Fleißige Lieschen folgen. Den Winter über könnte dunkelrote Heide das Herzinnere erwärmen.

Unten: Eine Gruppe Buchsbaum-Kugeln rollt auf das Glashaus zu und bietet auch in der blütenlosen Jahreszeit einen erfreulichen, heiter formalen Anblick. Deshalb sollten immergrüne Gartenelemente gerade in Hausnähe ihren Platz finden.

Rasen und Rosen

Makelloses Rasengrün und zauberhafte Rosen sind vitaler Bestandteil des englischen Gartens: ein »must«!
Man kann sich in vielerlei Hinsicht von den Engländern im Umgang mit diesen wichtigen Gestaltungsmitteln inspirieren lassen. Obgleich sich wegen der unterschiedlichen Witterungsverhältnisse nicht alles eins zu eins auf den Kontinent übertragen lässt.

Englischer Rasen

Der viel gerühmte englische Rasen ist in Gärtnerkreisen geradezu ein Mythos.
Dicht gewebt wie Samt sollte der Rasen sein, ebenmäßig, kurz geschoren und saftig grün. Die Perfektion schließt auch die Rasenränder ein, die scharfkantig und exakt gezogen sind. Das offene Geheimnis lautet: »pains and care« – Mühe und Sorgfalt.
Im Jahre 1827 erfand Edwin Beard Budding, aus den englischen Cotwolds, den ersten Rasenmäher. Fortan war Schluss mit Heerscharen von Sensenmännern, die den Rasen mit gekonntem Schwung kurz hielten. Budding hatte sich von Maschinen in der Textilindustrie inspirieren lassen. Wie ein Rasierer fuhren eine fest stehende Klinge und davor rotierende scharfe Spindeln über den Stoff. Das Material wurde von überstehenden Fasern befreit und zu feinem Samt oder geripptem Cord geschoren. Handrasenmäher nach dem gleichen Prinzip wurden zum »budding« eingesetzt. Sein Erfinder verkündete stolz: »Country gentlemen find in using my machine themselves an amusing, useful, and healthy exercise« (Herrschaften auf dem Lande werden den Gebrauch meiner Maschine als unterhaltsame, nützliche und gesunde Leibesübung empfinden). Dies scheint bis heute der Fall zu sein. Auch im 21. Jahrhundert schert der englische Gentleman (Rasenmähen ist Männersache!) leidenschaftlich seinen Rasen und bevorzugt dabei Spindelrasenmäher, ob hand- oder motorbetrieben oder als Aufsitzversion. Soll der Rasen also echt englisch aussehen, muss mit Spindel und folgender Walze gearbeitet werden. Gut sind Rasenmäher mit vielen Spindeln, die fein wie eine Friseurschere schneiden. Der etwas unterschiedliche Anschnitt des Grases lässt die gemähten Grasbahnen des Hin- und Rückweges fast zweifarbig erscheinen. Es entsteht der typisch englisch gestreifte Rasen. Wenn obendrein noch quer gemäht wird, schimmert die Fläche wie der Fußballrasen im Wembly Stadion. Auf dem europäischen Kontinent schätzt man dagegen Sichelrasenmäher. Ob Spindel oder Sichel, ist letztlich eine philosophische Frage, die jeder Gärtner aus eigener Erfahrung entscheidet.

Von Samen und Sorten

Aber am Anfang steht der Grassamen. Heute gibt es Erfolg versprechende, spezielle Mischungen für den »echt englischen Rasen« in unseren Breiten. Dieser Samen enthält viele verschiedene Grassorten. Die Chance auf eine bodentypgerechte Grasart wird erhöht.

Wer einen perfekten Rasen möchte, muss sich auf eines einstellen: Arbeit!

Der Rasen ist in der Regel dichter und weniger Unkraut macht sich breit. Mit einem qualitativ hochwertigen Rollrasen, der heute nicht mehr teuer ist, hat man die Wahl zwischen Zierrasen oder dem robusteren Sport- und Spielrasen und erzielt sofort ein gutes Ergebnis.
Im Frühjahr vertikutieren, aerifizieren, düngen im April, Mai und August, stets Schnittgut mit einem Rechen entfernen, der gleichzeitig Moos ausmerzt; durch häufiges Mähen verdichtet sich der Rasen zu einem samtigen Flor wie ein Teppichboden und verleiht dem eigenen Garten original englischen Stil. Für exakte Rasenkanten sind eingelassene Metallbänder eine echte Zeitersparnis.

Oben: In Sissinghurst Castle Gardens pflegt man die große englische Tradition des »Schachbrettrasens«. Zunächst werden die Streifen durch das Hin- und Zurückfahren gemäht und dann das Ganze im rechten Winkel dazu: Die Mühe lohnt sich!

Unten: Rasen und Rosen sind die stärksten Partner im englischen Garten. Die grüne Rasenfläche erscheint hier wie das Passepartout eines Bildes und rahmt die Beete stilvoll ein, während der kleine Rosenbogen einen intensiven und belebenden Kontrapunkt setzt.

SCHÖNER SCHATTENRASEN

Ein hilfreicher Trick ist, auf Schattenflächen eine Mähhöhe von vier Zentimetern einzustellen. Der Schattenrasen ist dann zwar nicht englisch kurz geschoren, wirkt aber optisch saftig grün, wie Weiden auf den Britischen Inseln.

Schattige Rasenflächen bleiben trotz spezieller Samen problematisch. Solche Flächen sollten nicht viel strapaziert werden.

Grünes Passepartout

In der Gesamtkonzeption eines architektonischen Gartens ist die gepflegte Rasenfläche ein unverzichtbarer Bestandteil und ein sehr wichtiges Stilmittel. Die einfarbige und homogene Ebene eines Rasens wird als beruhigend empfunden und schafft in der Fülle des Gartens eine entspannte Bezugsfläche. Abgesehen von seiner eigenen Attraktivität, beeinflusst der Rasen die Wirkung von Pflanzen und Gartenschmuck. Ruhige Grasflächen schaffen in sich Räume und natürliche Verbindungen zwischen unterschiedlichen Gestaltungselementen. Sie leiten das Auge zu verschiedenen Gartenabschnitten, bringen Beete, Sitzmöbel und Kunstobjekte wirkungsvoll zur Geltung. Ein schnurgerader Grasweg, beiderseits von prächtigen Bordern gesäumt, stellt eine der Schlüsselkompositionen englischer Gartenkunst dar. Wie das Passepartout eines Gemäldes lässt die einfarbige Rasenfläche mit ihrer ruhigen Textur die vielfältigen Höhen, Farben und Strukturen der Beete hervortreten und rundet sie zum Gesamtkunstwerk ab. Der Garten wird zu einem begehbaren Bild. Glatte Rasenebenen dienen als Hintergrund für markante Solitärbäume und -sträucher und sind Bühne für die dramatischen Silhouetten von Formgehölzen. In direkter Verbindung mit Hecken verschmelzen vertikales und horizontales Grün zu einem Raum. Als langer »gras walk« wird diese Kombination zur fokussierenden Schlucht für einen interessanten Blickpunkt innerhalb des Gartens oder führt das Auge in die umgebende Landschaft hinaus.
Im englischen Garten ist die große Rasenfläche unterhalb des Hauses oder der Terrasse besonders charakteristisch. Sie erlaubt vom Garten aus eine freie Sicht auf das Haus. Wie auf einer Plattform wird das Haus präsentiert und seine architektonische Gestaltung wahrgenommen. Weiterhin schafft der Rasen zusammen mit Hecken oder Bäumen ein sonniges Freiluftzimmer für Spiel und Unterhaltung. Dies stellt eine direkte Erweiterung des Hauses dar und erfüllt die Vorstellung eines architektonischen Ensembles von innen und außen.

Rosen

Die Königin der Blumen gehört in den englischen Garten wie die Queen in den Buckingham Palace. Rosen mit ihren wunderbaren Farben, ihrem betörenden Duft und ihrem weichen, hingebungsvollen Habitus sind für viele Gartenliebhaber der Inbegriff des englischen Gartens. Rosen wachsen in Busch- und Strauchform, sie fungieren auch als Bodendecker. Sie ranken romantisch an Lauben und Bögen und erklimmen sogar Fassaden und Bäume. Während der Blüte sind Rosen überwältigend schön, leider weniger attraktiv den Rest des Jahres. In England werden deshalb Rosen gerne in die Bepflanzungen von Rabatten gemischt, wo ihre oft etwas kahlen »Beine« geschickt verborgen werden.
Welche ist die Schönste im Land? Diese Frage lässt sich genauso wenig beantworten wie die Frage nach dem schönsten Schuh. Es ist immer eine Frage des ganz persönlichen Geschmacks, in welche Rosen sich ein Gartenbesitzer verliebt. Meine Lieblingsrosen haben sich in meinem Garten bewährt und erfreuen mich jedes Jahr aufs Neue. Ich empfehle, sich auf wirklich bewährte, robuste Sorten zu beschränken.

Rosen lieben Wind und gedeihen am besten auf Flächen mit freier Luftzirkulation. Dies stellt oft ein Problem in einem architektonischen Garten dar, wo in manchem Gartenzimmer die Luft eher steht. Für Rosen sucht man sich besser Standorte, die dem Wind ausgesetzt oder sogar zugig sind, wie manchmal rund um das Haus. Mein bester, sprich luftigster Platz für Rosen ist ein geschmiedeter Zaun vor dem Haus. Hier gedeiht die anspruchslose Kletterose 'New Dawn', die ungewöhnlich reich blühend, mit ihren duftenden, rosaweißen Blüten auch Nachbarn und Passanten entzückt. Sie ist meine absolute Lieblingskletterrose.

Rosen fühlen sich nicht überall wohl. Fakt ist: Sie lieben Luft und humosen, fruchtbaren Boden. Zu viel Niederschlag ist ihnen abträglich, also pflanzt man an Standorten mit großer Nässe und geringer Humusdecke am besten robuste Wildformen und wüchsige Alte Rosen. Auf jeden Fall die Beete umfangreich genug und den Pflanzabstand großzügig wählen sowie für guten Mutterboden sorgen. Kann man Rosen keine ausreichend guten Bedingungen bieten, sollte man nur sehr zähe Sorten wählen und sie eher akzentuiert pflanzen.

Oben: Rosen in vielen Formen erinnern hier an ein impressionistisches Gemälde. Die geschickte Höhenstaffelung sowie die Stauden im Vordergrund vollenden die Wirkung der Rosenwolken.

Alte Rosen

Besonders schön sind Alte Rosen, die aber ja leider nur einmal blühen. Trotzdem liebe ich 'Charles de Mills', eine stark duftende Gallica-Rose in Karminrot mit violetten und purpurnen Schattierungen und attraktivem Laub. Jede Blüte ist von zauberhafter Schönheit: Dicht gefüllt erscheinen die Petalen (Blütenblätter) wie ein geviertelter Wirbel. Nach der ausgiebigen Blüte den Rosenbusch einfach massiv zurückschneiden, um den Nachbarn Platz zu geben. Berühmt ist seit dem Mittelalter *Rosa gallica* 'Versicolor' (auch *Rosa mundi*), deren große, seidige Blütenblätter rosé und weiß gestreift sind. En masse gepflanzt, wirken die kräftigen Pflanzen mit ihren gesunden Blättern entlang eines Weges wie eine dichte Hecke.

Oben: Ein absoluter Klassiker im englischen Beet sind feminin gerüschte Alten Rosen in galanter Begleitung von schlankem Rittersporn. Er wird allerdings schnell etwas launisch und blühfaul, deshalb öfter mal neu pflanzen.

Unten: Rosen schön gebettet: Das üppige Grün von Sträuchern, Gräsern und Staudenblattwerk umschmeichelt die rosigen Schönheiten. Die ausdrucksvolle Höhenstaffelung dominiert als Strauchrose 'Rosarium Uetersen' und wie eine kleine Schwester erheitert *Rosa* 'Mozart' den Vordergrund.

Moschata-Hybriden

Meine Rosenfavoriten sind die herrlich duftenden Moschata-Hybriden. Sie sind gute Rabattensträucher, ihre unzähligen Blüten sitzen an sich elegant neigenden Zweigen. Die Pflanzen beeindrucken mit einem reichen, pastellfarbenen Flor und einer kräftigen Nachblüte. In meinem Lavendelbeet steht die wunderschöne, roséfarbene 'Cornelia', deren ausladende Blütenbüschel den ganzen Sommer erscheinen. 'Felicia', 'Penelope' und 'Prosperity' (blüht bis zum Herbst) sind ihre ebenso hübschen Moschata-Schwestern. Die etwas frostempfindliche 'Buff Beauty' glänzt in apartem Aprikosengelb.

Moderne Schönheiten

Die Rose 'Schneewittchen' ist sicher kein Geheimtipp. Ich finde, sie ist eine gute, zuverlässige Freundin unter den manchmal doch kapriziösen Rosengeschöpfen: widerstandsfähig, winterhart, öfter blühend. Die reinweißen edlen Blüten überziehen den Strauch so zahlreich, dass er wie ein gewaltiger Rosenstrauß wirkt und dies von Juni bis zum ersten Frost. Nicht nur in einem weißen Garten macht diese märchenhafte, dankbare Rose eine schöne Figur. Sie ist auch eine gute Kletterrose. Obwohl 'Schneewittchen' eine »Allerweltsrose« ist, blüht sie in passendem Klima unaufhörlich und ist ein Highlight in jedem Garten. Als dunkle purpurfarbene Rose kann ich 'Cardinal Hume' empfehlen. Die einzelne Blüte ist zwar nicht atemberaubend, aber die gefüllten Blütchen hängen in dichten Büscheln an den elegant gebogenen Zweigen. Dieser Kardinal ist geradezu blühlustig und schiebt unermüdlich bis zum Frost seine eleganten Blütentrauben am 0,90 Meter hohen und 1,20 Meter breiten Strauch nach. 'Schneewittchen' und 'Cardinal Hume' gehören zwar zu den modernen Rosen, aber ihr Typus passt in einen englischen Garten. Dies gilt auch für die romantische 'Eden Rose', die mich immer an Prinzessin Diana erinnert: eine große, schlanke, aristokratische Schönheit. 'Bonica', pinkfarben und nur 90 Zentimeter hoch, wirkt daneben wie eine dralles, niedliches Landkind. Ansonsten sollte man aber von modernen Tee-Hybriden und Polyantha-Rosen in einem klassischen Garten absehen, weil weder Blütenfarbe noch -form dem Naturell eines englischen Gartens gerecht werden.

Englische Rosen

Rosenliebhaber hatten seit Langem Sehnsucht nach schönen Rosen alten Stils, die mehrfach im Jahr blühen und dazu köstlich duften. Dies schien die Quadratur des Kreises zu bedeuten. Dem genialen Rosenzüchter David Austin gelangen seit den 1970er-Jahren Kreuzungen zwischen den einmal blühenden Alten Rosen und modernen, öfter blühenden Tee-Hybriden. Die sogenannten Englischen Rosen entstanden. Sie vereinen den feinen Charme und Duft der Alten Rosen mit der breiten Farbpalette und langen Blühdauer der modernen

Oben: Die Kletterrose hat den Klimmzug über die Mauer geschafft und breitet sich nun genüsslich auf ihrer Südseite aus, um die Besucher des Gartens herzlich zu empfangen. Die höhere Lichtausbeute auf der Sonnenseite fördert die Blühfreudigkeit der Rose.

Sorten. Der gefällige, strauchartige und anmutig überhängende Wuchs macht die Englischen Rosen zum idealen Partner im gemischten Border. Aber nicht alle Austin Rosen sind ideal, manche sogar kapriziös. Einige Neuzüchtungen haben zu dünne Stiele für ihre schweren Köpfe und hängen fast traurig kopfüber. Englische Rosen gedeihen nicht an jedem Standort. Sie verlangen ziemlich kompromisslos warmes Klima und gute, nährstoffreiche Böden.

Eine echte »english rose« ist 'Mary Rose'. Der schöne, 1,20 Meter hohe Strauch trägt viele lieblich rosarote, locker gefüllte Blüten, die sich den ganzen Sommer über zeigen. Von gewisser Ähnlichkeit ist 'Gertrude Jekyll'. Auch sie zählt zu den beliebtesten Rosen Englands. 'Graham Thomas', nach dem großen Gartenfachmann benannt, ist vielleicht die populärste Englische Rose. Ihr sattes, klares Gelb, große Blühfreudigkeit und ihr aufrechter, kräftiger Wuchs machen sie fast zur Standardrose. Da sie mit ihrem straffen Habitus durchaus zwei Meter erreicht, ist sie eine ideale Hintergrundpflanze.

Natürlich gibt es, vor allem bei den Englischen Rosen, jedes Jahr Neuzüchtungen mit verlockenden, fantasievollen Namen. Möchte man eine gesunde und reichhaltig blühende Rose, sind die älteren und damit bewährten Züchtungen die Sorten der Wahl.

Kletterrosen und Rambler

Die begnadete Floristin Constance Spry ist Namensgeberin der allerschönsten Kletterrose. 1961 zog David Austin sie als erste original Englische Rose. An Schönheit ist sie einfach nicht zu überbieten: riesengroße, sehr anmutige, rein rosafarbene Blüten, wie von einem alten Stilllebengemälde. Die gesunde Rose klettert bis zu drei Meter hoch. Da 'Constance Spry' sehr früh und üppig blüht und herrlich nach Myrrhe duftet, verschmerzt man, dass sie nur einmal blühend ist. Meine Rosenlaube lasse ich von der Rückseite mit einer

ROSEN OHNE REUE

Nach Möglichkeit sollte die Rosenwahl endgültig sein, weil man beim Experimentieren immer bedenken muss, dass ein Rosenstandort nicht ohne Weiteres mit der nächsten Rose bepflanzt werden kann. Wo eine Rose stand, herrscht Bodenmüdigkeit. Das heißt, ehe eine neue Rose gepflanzt wird, muss ein sehr tiefgründiger Bodenaushub vorgenommen und komplett mit neuer, guter Rosenerde aufgefüllt werden. Die nachfolgend gepflanzte Rose würde sonst verkümmern.

Oben: Eine der beliebtesten Englischen Rosen ist 'Graham Thomas'. Sie ist robust und vereint den Charme Alter Rosen mit der modernen gelben Blütenfarbe.

blauen Waldrebe *(Clematis viticella)* beranken, sodass sie die Blühstaffel im Juli von 'Constance Spry' übernimmt. Rambler-Rosen sind ebenfalls »very british«. Sie sind äußerst agile Kletterer, ihre Triebe werden bis zu 15 Meter lang. Sie überziehen Pergolen, Bäume und verschlingen ganze Häuser mit ihren starken Zweigen. Während ihrer einmaligen Blüte verwandeln sie sich in ein wahres Blütenmeer. Gewaltige Rambler, die sich zum Beranken von unansehnlichen Gebäuden und alten Obstbäumen eignen, sind die weiß blühenden Sorten 'Bobby James', *R. filipes* 'Kiftsgate' und *Rosa mulliganii* (früher *R. longicuspis*). 'Paul's Himalayan Musk' ist mit seinen hübschen rosa Rosetten eine der schönsten und besten Rambler-Rosen, ideal, um sie in Bäume klettern zu lassen. Etwas zurückhaltender in ihrem Wuchs sind 'Veilchenblau' (drei bis fünf Meter Höhe), sie trägt Büschel von kleinen, dunkel magentafarbenen Blüten, die fast violett wirken, sowie 'Russelliana'. Sie ist von ähnlicher Farbe und wird fünf bis sechs Meter hoch. 'Albéric Barbier' mit ihrem anmutigen, nicht allzu wilden Wuchs und den relativ großen, hellgelben Blüten gehört zu den Wichuraiana-Hybriden. Ihr Laub ist immergrün und sie blüht im Herbst erstaunlich gut nach. Bei den deutschen Rosenzüchtern sind alle Sorten zu bestellen. Sie haben nun die Qual der Wahl.

AUS DER PRAXIS

Die Rose ist eine Diva. Sie möchte ein Luxusleben in allerbesten Verhältnissen. Lieben Sie Ihre Rosen? Dann sollten Sie ein Diener der kapriziösen Lady sein. Ihr Standort sollte so luftig wie möglich sein, denn die Rose braucht den Wind, um gesund zu bleiben. In formalen englischen Gärten mit vielen Hecken ist dies meist nicht der Fall, weil alle Beete recht windgeschützt liegen. Früher habe ich Rosen nach schönen Fotos oder gar wohlklingenden Namen ausgesucht. Heute möchte ich nur noch robuste Rosen, die weder für Mehltau noch Sternrußtau anfällig sind. Machen Sie sich selbst kundig, denn ein Verkäufer in einem Gartencenter ist nicht unbedingt ein Rosenspezialist. Die besten Informationen über die Eigenschaften von Rosen bekomme ich bei den Rosenzüchtern selbst, die einem z. B. ehrlich sagen, dass Rosen nicht in Töpfen leben mögen.

Jede Rose möchte auf der Sonnenseite sein, denn Schattenrosen gibt es nicht! Rosen sind ausgesprochene Tiefwurzler, die einen tiefgründigen, sandig-lehmigen Boden mit ausreichend Humus schätzen. Ich pflanze keine teure Containerware mehr, bei denen sich die Rosenwurzeln bereits mehrmals um den Topfboden geschlungen haben. Wurzelnackte Rosen erscheinen mir robuster, denn sie senken ihre Wurzeln ziemlich schnell ins Erdreich hinab und blühen, im Frühjahr gepflanzt, bereits im ersten Jahr erstaunlich reich.

Nur eine gut ernährte Rose ist eine gesunde Rose. Meine Rosen bekommen am Ende des Winters eine gute Lage Champignon-Kompost. Dieser ist bei Champignon-Züchtern erhältlich, die nach ein- bis zweimaliger Ernte den gut durchgesetzten Pferdemist als idealen, geruchsneutralen Kompost abgeben.

Meine neuste Lieblingsrose heißt 'Angela': die kräftig altrosa Blütenschalen in dichten Dolden leuchten von Weitem. Sie ist gesund, robust und blüht unermüdlich bis zum ersten Frost.

Beispiele und Anregungen zur Inspiration

Oben: Die schlangenlinienförmige Anlage der Beete wird durch das Rasenmuster schwungvoll unterstrichen. Mit dem in England bevorzugten Spindelmäher entstehen durch gegenläufige Mährichtung die Schattierungen der Rasenbänder.

Unten: Ein herrlicher englischer Klassiker: Rasen, Rosen und Lavendel. Hier entwickelt dieser Dreiklang zudem eine spannende Formensprache mit einem luftigen Rosenbogen *(Rosa* 'Perennial Blue'), dem samtigen Rasenteppich und einem linearen Band unterschiedlicher Lavendelsorten.

Links oben: Rasen und Buchsbaumeinfassung präsentieren die Rosen und ihre Begleiter formvollendet. Mit seiner guten Fasson erhält dieser Gartenteil seinen schönen Anblick, denn eine Miniaturhecke versteckt geschickt die oft kahlen Rosenbeine.

Links unten: Es müssen nicht immer viele Rosen sein. Eine einzelne prächtige Strauchrose, wie hier 'Queen of Bourbons', ist als Solistin im Border ein echter Blickfang. Unter diesem schattigen Rosenschirm fühlen sich farblich harmonierende Fleißige Lieschen besonders wohl.

Oben: Kletterrose und Clematis sind immer ein schönes Pärchen und sehen auf einer alten Mauer sehr englisch aus. Beide genießen einen solchen Standort mit kühlen Füßen und dem Kopf sonnig und luftig.

Unten: Mit ihren geviertelten, karminroten Blüten und starkem Duft zeigt 'Charles de Mills' charakteristische Merkmale Alter Rosen. Sie ist nur einmal blühend und wird deshalb gerne mit Englischen Rosen, wie der rosafarbenen 'Mary Rose', gemischt. Diese trägt fast den ganzen Sommer über Blüten.

Oben: In meinem Duftgarten verströmt meine Rosenfavoritin 'Fantin Latour' ein feines Parfum, und dies im Juni und zur Nachblüte im August. Sie ist hier an einer Eisenpyramide gezogen und erscheint so wie eine große Strauchrose.

Unten: Die Kletterrose 'New Dawn' ist eine äußerst bewährte Sorte. Sie blüht den ganzen Sommer überreich, ist robust und winterhart. Wie alle Rosen schätzt sie einen luftigen Standort, wie etwa an dieser Zaunanlage.

Oben: Die Kletterose 'Minnehaha' – nach einer Indianerin benannt – ist eine meiner Lieblinge. Die pinkfarbenen, gefüllten Röschen erscheinen in dichten Trauben und blühen spät. Wenn die Blüte anderer Rosen schon zur Neige geht, erwacht die robuste Schönheit erst zu voller Pracht.

Unten: Eine Blütenkugel der Zierlauchsorte 'Globemaster' hat sich mit der unermüdlich blühenden Moschata-Rose 'Cornelia' verbandelt. Oder war es der Fotograf? In jedem Fall sind die Farben Lila und Rosé äußerst kompatibel.

Border und Beete

Unter Bordern versteht man schmale, lange Rabatten. Sie sind ein wesentliches Markenzeichen des englischen Gartens und sein jahreszeitlicher Herzschlag. Border verkörpern englische Gartenphilosophie und das Lebenselixier angelsächsischer Gartenenthusiasten. Der vitalen Attraktivität englischer Blumengärten sind unzählige wundervolle Bildbände und umfangreiche Ratgeber gewidmet. So wäre es vermessen, im Rahmen dieses Buches alle Geheimnisse der Ikone englischer Gärten lüften zu wollen. Aber gerne lege ich die Grundzüge eines typischen Borders dar. Ich hoffe, ein Saatkorn zu schenken, das der Beginn einer großen Gartenliebe werden kann. Wie die Liebe ist ein Border sehr komplex und bedarf lebenslanger, inniger Zuneigung. Ihr persönliches Engagement wird belohnt werden und tausendfältige Frucht tragen!

Maße und Platzierung

Das klassische Border hat einen möglichst lang gestreckten, geradlinigen Grundriss. Auch hier kommt das wichtigste Postulat eines formalen Gartens zum Tragen: Struktur. Zunächst steht die Standortwahl des Borders in Ihrem Gartengesamtkonzept an. Die minimale Breite ergibt sich aus der Höhe der längsten Staude, aber englischer sind zwei Meter oder mehr. Bei so breiten Beeten ist es praktisch, im hinteren Bereich einen schmalen Arbeitsweg anzulegen, zumindest helfen Trittsteine den Zugang von dort zu erleichtern. Ein doppeltes Border wird durch einen Weg aus Stein oder Gras getrennt und sollte eine Länge von mindestens 15 Metern aufweisen.
Ohne passende Kulisse ist eine großartige, typische Staudenrabatte wie ein Bild ohne Rahmen: Es verschwimmt mit seiner Umgebung. Für den adäquaten Hintergrund sorgen entweder eine dunkelgrüne, exakt geschnittene Eibenhecke oder eine Ziegelmauer in weichen Erdtönen. Hecke oder Mauer sollten nicht weniger als 1,60 Meter hoch sein, aber erst ab zwei Meter Höhe entsteht ein richtiges Raumgefühl. Eine

ALLES IM BLICK

Für gute Proportionen gilt: Je kürzer das Border, umso schmaler der Weg. Auf diese Weise wird es scheinbar gestreckt und beide Seiten können mit einem Blick erfasst werden.

Buchenhecke hält im Winter das Laub und hat den Nachteil, die vertrockneten Blätter abzuwerfen, wenn das Border im Frühlingsflor steht. Dies kann störend sein.
Ein sonniges Prachtborder liegt auf der Südseite. Im Halbschatten ist die Wahl der Pflanzen begrenzter und eine Schattenrabatte ist zu limitiert, um Border genannt zu werden. Für eine nachhaltige Pflanzung sollten Sie den pH-Wert des Bodens, d.h. seinen Säure- oder Basenwert, bestimmen. Nur Pflanzen, die geeignete Standortbedingungen vorfinden, werden auf Dauer problemlos wachsen und Freude machen.

Oben: Der Traum von einem englischen Garten! Das doppelte Border ist auf dem Höhepunkt seiner sommerlichen Blütenpracht. Trotz aller Pflanzenfülle bringen Wiederholungen im Beet wohltuende Ruhe in die kraftvolle Kombination.

Unten: Auch im Beet gilt das englische Gartenpostulat: Struktur. Die Artischocke, eine Formkugel und Palisandenwolfsmilch lassen aufrechten Rittersporn und mollige Pfingstrosen wie auf die grüne Heckenleinwand gemalt erscheinen.

Links: Riesen-Funkien bilden mit ihren großen Blättern die unterste Etage in einer Rabatte mit gelungener Höhenstaffelung. Rittersporn und Kleinbäume wachsen darüber hinaus.

Rechts: Die große englische Gartengestalterin Gertrude Jekyll empfahl, Pflanzgruppen in länglicher Form zu setzen, in sogenannten »drifts«. Dynamisch wie der Pinselstrich eines Malers verleihen sie den Beeten ein gefälliges Erscheinungsbild.

Innere Struktur

Neben seiner äußeren Struktur hat das Border eine innere Struktur. Auf publizierten Fotos begeistern uns prächtige englische Beete mit farbenfrohen Pflanzenbildern. Analysiert man die Pflanzarrangements anhand von Schwarz-Weiß-Fotos, wird eine gute Kombination von attraktiven Wuchsformen und ausdrucksstarken Laubtexturen geprägt. Im Gesicht eines Menschen faszinieren uns auch nicht Farben, sondern seine Formen. Ein vorzügliches Border ist kein diffuses Konglomerat hübscher Blüten, sondern erst starke Strukturen inszenieren die gewünschte spannende Dramatik. Vielfältige Blattformen und -texturen stehen zur Auswahl, um Kontraste und Ergänzungen zu schaffen. Ungewöhnliche, ja kühne Blatttexturen rücken unwillkürlich optisch in den Vordergrund, wie z.B. die malerischen Riesenfunkien *(Hosta)* 'Sum and Substance' oder *Hosta sieboldiana* sowie die Gemüseartischocke *(Cynara cardunculus)* mit ihren blaugrünen, kunstvoll gesägten Blättern. Ruhige und eher schlichte, meist kleine Blattformen spielen gerne die zweite Geige und sind die Grundierung einer Komposition. Pflanzen sind dreidimensional und ihr Habitus kann als dekorative Struktur für die Gestaltung des Gartens genutzt werden. Haben sie eine kühne, exotische Silhouette, wie der Kronrhabarber *(Rheum palmatum)*, sind sie spektakulär. Die organgeroten Triebe schießen im Frühjahr wie eine geballte Faust aus der Erde und öffnen ihre riesigen, fächerartigen Blätter. Eine Skulptur wächst heran und verschiebt das Gartenbild von der zweiten in die dritte Dimension.

Geschickte Höhenstaffelung

Wichtig für die Wahl einer Pflanze ist, neben ihrer Gestalt, die Größe. Wie gute Köche wissen Gärtner um das richtige Verhältnis der Zutaten. Der Reiz von Pflanzen verstärkt sich durch Kontraste: Eine große Staude erscheint machtvoll und ruhig neben kleinen, filigranen und heiteren Pflanzen. Gegensätze ziehen sich an und heben die unterschiedlichen Persönlichkeiten hervor, wie Kontrabass und Violine in einem Orchester. Auch im Garten gibt es Solisten. Diese »stars« wirken überzeugend, wenn ihnen niemand die Schau stiehlt. Solche Architekturpflanzen, wie die klafterlange Sonnenblume *(Helianthus salicifolius)* oder der Wasserdost *(Eupatorium purpureum)* 'Atropurpureum', wirken im Umfeld schlichter Pflanzen besonders imposant. Früher hieß es bei Gruppenfotos immer: »Die Großen hinten, die Kleinen vorne.« Wie langweilig! Im klassischen Border gilt zwar die Formel einer zum Weg hin abflachenden Höhenstaffelung. Sie hat das Ziel, alle Pflanzen auf einmal im Blick zu haben. Heute sorgen aber große Pflanzen da und dort vorn im Beet für mehr Dramaturgie. Dies gelingt besonders mit fast durchsichtigen Pflanzen wie Eisenkraut *(Verbena bonariensis)*, zartgefiedertem Fenchel *(Foeniculum vulgare)* oder Wiesenraute *(Thalictrum aquilegifolium)* und ganz trendig mit hohen Gräsern. Im »mixed border«, der gemischten Rabatte mit Stauden, harmonieren Einjährige, Zwiebelblumen und vielleicht auch Sträucher. Beim Zeichnen Ihres Pflanzplanes sollten Sie, wie ein Maler oder eine Malerin, den Charakter Ihres Gartenbildes entwerfen. Für Ihre Border suchen Sie zunächst ein Thema aus. Ihre Wahl kann von Lieblingsfarben und Pflanzenformen getragen sein, oder

sie ist von Pflanzen bestimmt, die Sie ins Herz geschlossen haben.

Dynamik durch Drifts

Die englische Gartenkünstlerin Gertrude Jekyll setzte sogenannte »drifts«, längliche Formen aus Gruppenpflanzen, wie Pinselstriche ein, die eine malerische Wirkung erzielen. Die schmalen Pflanzenbänder hinterlassen keinen leeren Raum, wenn Blüten und Blätter welken. Gestaffelte Drifts lösen sich mit wechselnden Höhepunkten in der Rabatte fließend ab. Es wirkt wie ein Sich-treiben-Lassen, nach dem Englischen eben »driften«. Eingefügte Pflanzen in Kreisform kommen wie muntere Pinseltupfer daher und laden die Komposition mit Energie und Spannung auf. Diesen Effekt erzielt man mit einzelnen Großstauden oder auch mit Gruppen aus mindestens drei, besser sechs oder mehr Prachtstauden. Die unterschiedlichen Höhen der Drifts und Gruppen bilden harmonisch geschwungene Pflanzenlandschaften oder reizvolle Berge und Täler.

Rhythmus durch Wiederholungen

Bei aller Pracht braucht ein Border ruhige Anhaltspunkte, an denen sich das Auge orientieren kann. Das Wiederholen von Pflanzen, ihren Formen und Farben lässt die Rabatte in einem harmonischen Rhythmus schwingen. Ein Sammelsurium von Arten erzielt einen nervösen Eindruck. Beschränken Sie sich auf ein geringes Pflanzenspektrum und verteilen Sie die Arten in Gruppen und Drifts auf dem Beet. Für einen klaren Ausdruck gibt es einen simplen Trick: Auf der ganzen Länge des Beetes immer wieder die gleiche Pflanze einsetzen und ein stimmiger Takt wird sich einstellen. Bei Doppel-Bordern sollten die gleichen Sorten sich nicht direkt gegenüberstehen, sondern versetzt angeordnet werden. In fast jeder Rabatte sollte ein gestalterisches Element vorhanden sein, das ihr Struktur verleiht und als Blickfang dient. Es fungiert als optisches Mittel, das Border zu gliedern und das Auge zu entlasten.
Eine formale, strenge und gleichzeitig dynamische Gestaltung erreicht man mit dem gezielten Einsatz von Formschnittgehölzen im Beet. In jedem Fall müssen die dominanten Strukturen einer symmetrischen Anordnung unterliegen und ihr Wurzelwerk bei der Bepflanzung bedacht werden. Besonders eignen sich Buchsbaumelemente, z. B. in Kugel- oder Kegelform, die mit ihrer glatten Oberfläche Entspannung in das Staudenbeet bringen. Um größere Beete zu strukturieren, bieten sich Säuleneiben oder formale Bäumchen an. Ein moderner Trend sind Buchenformschnitte. Die Stardesigner schätzen getrimmte Buchen, weil sie im Winter als kupferfarbene,

Oben: Stauden sind die Grundsubstanz eines Borders. Roter Bartfaden *(Penstemon* 'Chester Scarlet') setzt einen starken Akzent. Wie Fackeln leuchten die gelben Steppenkerzen *(Eremurus stenophyllus)* und dies bei wenig Platzbedarf.

Unten: Besonders in Weiß verbreiten einfarbige Gärten noble Eleganz. Die Buchsbaumhecken beruhigen das »Blütenschneegestöber«, das Herbstanemonen *(Anemone × hybrida* 'Honorine Jobert') und Schmuckkörbchen *(Cosmos bipinnatus* 'Sonata White') veranstalten.

DEN TAKT VORGEBEN

Gleichförmige Vasen und Urnen in regelmäßigen Abständen im Border platziert, sind ein gutes Mittel, das Beet »zu takten«. Die Schmuckelemente sollten mit der gleichen Pflanzenart bestückt werden. Dann findet das Auge Halt und ein noch so buntes und lebhaftes Border erhält einen harmonischen Rhythmus.

leuchtende Strukturen erhalten bleiben. Traditionell sind Formschnitte in Bordern immergrün, um temperamentvolle Bepflanzung zu beruhigen und in der tristen Winterzeit dem kahlen Staudenbeet Fasson und Highlights zu schenken.

Farbkonzept und Pflanzenwahl

Bevor Sie ein Farbkonzept erarbeiten, sollten Sie sich ein paar Fragen stellen und einige Tipps beherzigen. Wann möchte ich meinen Garten am meisten genießen? Der große deutsche Gartengestalter Karl Foerster verkündete: »Es wird durchgeblüht!« Wem dieses Postulat zu anstrengend ist, der wählt sich einen zeitlichen Höhepunkt im Gartenjahr. Fahren Sie im Sommer in die Ferien, bietet sich ein Frühlings- oder Herbstborder oder eine Mischung aus beiden an. Möchten Sie die große Herausforderung im Beet und ein repräsentatives Border anlegen? Oder bevorzugen Sie eine »gelassene« Kombination aus recht pflegeleichten Stauden, die eine mehr natürliche Wirkung haben? Schauen Sie über Nachbars Gartenzaun und fragen Sie den Gartenbesitzer nach seinen Erfahrungen. Pflanzen, die dort besonders gut gedeihen, werden Sie wahrscheinlich ebenfalls problemlos erfreuen. Wenn Sie zum ersten Mal eine Rabatte anlegen, wählen Sie robuste Pflanzenarten und keine mimosenhaften Raritäten. Sonst sind Sie gleich im ersten Jahr frustriert. Ihr Border entwickelt sich mit Ihnen zusammen immer weiter.

Stauden und mehr

Eine erfolgreiche Rabatte nur aus Stauden ist die hohe Schule englischer Gartenkunst. Mischbepflanzungen sind gute Lösungen für kleine Beete, die möglichst lange attraktiv aussehen sollen. Stauden sind die Grundsubstanz einer gemischten Rabatte. Lücken können Sie mit prächtig blühenden Einjährigen auffüllen, die Sie leicht zukaufen können oder die Sie rechtzeitig selbst gezogen haben. Diese können auch, in Kübel gepflanzt, magere Stellen im Border kaschieren. So werden Wunschfarben intensiviert und jahreszeitliche Stimmungen kreiert. Im Frühling garantieren Zwiebelblüher einen furiosen Auftakt. Im Herbst stehen Sie vor einem recht dichten Border. Gehen Sie dennoch großzügig mit dem Stecken von Zwiebelpflanzen um. Sie werden im Frühjahr herrlich blühen, wenn Ihre Stauden gerade erst aus dem Winterschlaf erwachen. Tulpen werden als Einjährige betrachtet und nach der Blüte mitsamt Laub entfernt. Ihr welkes Laub würde lange stören, Zwiebeln ermüden den Boden und ihre Wiederkehr im nächsten Jahr ist sehr ungewiss. Etwas fortgeschrittene Gärtner ziehen herrlich blühfreudige Zweijährige heran. Da diese erst im folgenden Jahr blühen, bedarf es schon einer strategischen Planung, wie z. B. beim Fingerhut *(Digitalis purpurea).* Hat man diese Pflanzen aber erst einmal etabliert, versähen sie sich oft von ganz allein und wandern von Jahr zu Jahr als kleine Geschenke durch den Garten.
Ist Ihre Fläche für das geplante Beet sonnig-trocken oder handelt es sich um einen eher feuchten Garten? Ein schönes Border lässt sich an unterschiedlichen Standorten realisieren. Natürlich ist dies nicht überall mit exakt den gleichen Pflanzen möglich, weil Boden und Klima sich von Region zu Region unterscheiden. Aber die Angebote gut sortierter Staudengärtnereien bieten für (fast) alle Standorte passende Arten und

Links: Seit 100 Jahren ist das rote Border von Hidcote Vorbild für viele Gärtner und setzte damit einen zeitlosen Trend.

Sorten. Gern berät man Sie, welche Pflanzen bei Ihnen mit Erfolg wachsen.

Einfarbige Gärten

Ein kunterbuntes Kaleidoskop an Farben, das sich durch den ganzen Garten zieht, mag lustig sein, verhindert aber das harmonische und eigenständige Bild eines Gartens im englischen Stil. Sicher ist ein kleiner Cottage-Themengarten durchaus opportun, aber für ein Border mit Klasse gelten gärtnerisch-künstlerische Ansprüche. Widmen Sie daher der Farbwahl große Sorgfalt, um Ihrem Gartenambiente eine angemessene Szenerie und authentische Atmosphäre zu verschaffen. Aber zunächst legen Sie Ihre eigenen Lieblingsfarben fest.
Einfarbige Gärten sind recht einfach, und ein weißer Garten nach dem berühmten Vorbild Sissinghurst ist der Klassiker unter den monochromen Gärten. Weiße Stauden, Zwiebeln und Einjährige gibt es in vielen Varianten, und zusammen mit einem weiten Spektrum an Grüntönen erzielen Sie einen edlen Garten, der in allen Lichtverhältnissen und bei jeder Witterung exquisit und einfach bezaubernd aussieht – sogar noch nachts im Mondschein. Ich bin seit Jahrzehnten von weißen Gärten hingerissen, aus diesem Grund ist das unser größter Themengarten. Einfarbige Gärten lassen sich leicht durch Einbringen weiterer Farben modifizieren. So können z. B. ein schwarz-weißer Garten oder andere Farbklänge entstehen.

Farbexzentrik

Mehrfarbige, klassische Beete verlangen eine gute Auswahl an harmonisierenden Nuancen für ein fein abgestimmtes Zusammenspiel der Farben. Die Farbpalette sollte von einer Grundfarbe ausgehen und bei der Gestaltung den Regeln eines historischen Gemäldes folgen. Gertrude Jekyll, die große Meisterin der Farbharmonie im Garten, hat viele Bücher verfasst, die Sie als Nachdruck erwerben können. Die detaillierten Aussagen haben bis heute nichts von ihrer Faszination und Kompetenz verloren. Es gibt sehr viele ausführliche Meinungen, wie Farben im Garten zu komponieren seien. So solle man z. B. keine Komplementärfarben mischen und niemals

LEBENSKUNST IM BEET

Wir alle begeistern uns für die opulenten Fotos von Bordern in prachtvollen Bildbänden und Hochglanzmagazinen. Dies sind wunderschöne Momentaufnahmen vom Höhepunkt der Blüte, unter idealen Lichtbedingungen aufgenommen. Doch kein Border hält dies lange durch, mit Ausnahme vielleicht der langen Rabatte in Great Dixter, die mit unglaublicher Energie dauerhaft auf dem Zenit gehalten wird.
Der diskrete Charme eines Borders liegt aber darin, ein lebendes Kunstwerk zu sein, das nie perfekt und nie fertig ist. Es bleibt eine lebenslange Herausforderung. Um nochmals Karl Foerster zu zitieren: »Wer mit seinem Garten zufrieden ist, verdient ihn nicht.« Die Freude des englischen Gärtners liegt in der dauerhaften Beschäftigung mit seinem wunderbaren Hobby und den immer wiederkehrenden Glücksmomenten, wenn das Border dem persönlichen Traum nahekommt.

Oben: In diesem Hochsommerbeet geht es heiß her. Ein Drift aus feuriger orangeroter Montbretie *(Crocosmia* 'Lucifer') wird von zwei Tuffs der glühend rot blühenden, dunkellaubigen Dahlie 'Bishop of Llandaff' begleitet.

Unten: Hochmoderner, zweifarbiger Chic in Kontrastfarben: weiße Zierlauchkugeln in einem dunklen Bett aus Akelei und schwarzem Federholunder.

Oben: Eine Rabatte bleibt als lebendes Kunstwerk immer eine echte Herausforderung. Sie soll dem Auge während der ganzen Saison etwas bieten. Das Foto hat den großen Glücksmoment des Blütenhöhepunkts eingefangen.

Rot mit Pink. Alle Regeln aufzuzählen, würde zu weit führen. Verlassen Sie sich auf Ihr gesundes Farbempfinden. Oder halten Sie es, wie der große englische Gartengestalter Christopher Lloyd, der sich frei über alle Farbkonventionen hinwegsetzte und mutig Knallfarben zu Blühfeuerwerken aufleuchten ließ. Ihre eigene formale Gartengestaltung verträgt auf jeden Fall eine gute Portion Farbexzentrik.

AUS DER PRAXIS

Für meine Border habe ich die Blühkraft der Einjährigen entdeckt. Beete nur mit Stauden »durchblühen« zu lassen, finde ich logistisch recht anstrengend. Gerne fülle ich Lücken mit munteren Blütenwolken, die im einzigen Sommer ihres Lebens einfach alles geben. Lässig füllen sie die Lücken, die Tulpen nach ihrer Blüten hinterlassen haben.
Da ich während des Sommers in meinen Beeten keine Erde sehen möchte, ziehen wir im Glashaus ab März zahlreiche Einjährige wie Zinnien in allen Farben sowie Cosmeen in weiß und pink vor. Die Samen von Junger im Grünen und der stattlichen, weißblütigen Knorpelmöhre *(Ammi majus)* – die mit ihren feinen Fiederblättern wie das Grün in Blumenbouquets anmuten – kann man direkt ins Beet aussäen.
Herrliche Füller sind Dahlien, die zunächst mit ihrem gesunden Laub kahle Erdstellen kaschieren. Ab Ende Juli bis zum Frost bringen sie die strahlenden Blütenschönheiten in allen Wunschfarben und bezaubernden Formen hervor.

Beispiele und Anregungen zur Inspiration

Oben: Ein wahres Meisterstück ist dieses englische Doppel-Prachtborder! Am Rasenweg »schäumt« Katzenminze in zartem Lila über die Beetgrenze, während im Hintergrund Strauchrosen das Regiment führen – ein gelungenes Arrangement.

Unten: Solch ein berauschender Höhepunkt einer englischen Herbstsymphonie ist auch in unseren Beeten leicht zu verwirklichen. Astern erhalten heitere Unterstützung von Sonnenhut und Goldrute, während sich am Wegrand Frauenmantel breitmacht.

Oben: Kein Fleckchen Erde ist hier zu sehen. Das Traumziel, das englische Gärtner mit ihren meisterlichen Borders verfolgen. Vor Rittersporn und Geißbart entrollt sich hier ein farblich und in der Höhenstaffelung fein abgestimmtes Staudenarrangement.

Unten: Hier war ein neuseeländischer Gentleman am Werk und schuf ein dunkelrotes Beet von enormer Wirkung. Die kraftvolle Farbe der Säulenberberitze *(Berberis* 'Helmond Pillar') wiederholt sich in den Blättern von Stauden und Sträuchern.

Rechts oben: Die herrlichen Kugeln des Zierlauchs *(Allium* 'Globemaster') rollen überall durch meinen Frühsommergarten in Köln. Ob mit rotem Fenchel oder Rosen vereint, ob pur in Massen, immer sind sie ein Hingucker.

Rechts unten: Markantes Violett und weiches Gelb sind ein kontraststarkes Paar im Garten. Die Bienen in ihren »Nobelherbergen« interessieren sich mehr für den mit Nektar und Pollen reich gedeckten Tisch in diesem Garten.

Oben: Eine solch geschützte Bank lädt zum Verweilen in bunter Blütenpracht ein. Rosen, die Lieblingsakteure in englischen Bordern, bekommen hier stattliche Gesellschaft in Form der Blütenschwerter des weißen Weidenröschens (*Epilobium angustifolium* 'Album').

Unten: Ein Bordertraum! Hier brilliert Salbei in vielen Varianten neben rosa Dahlien und echtem Tabak, der mit seinen weißen Blüten die Sonnenstrahlen einfängt: eine gelungene Mischung aus Stauden und Einjährigen.

Oben: Die rote Montbretie *(Crocosmia* 'Lucifer') braucht als Südafrikanerin bei uns etwas Winterschutz. Die »teuflische« Schöne ergibt zusammen mit magentafarbenen und violetten Flammenblumen *(Phlox paniculata)* ein echtes Power-Trio.

Unten: Herrlich altmodische Cottage-Garten-Romantik mit Hochstammrosen und Rittersporn spiegelt sich in glänzenden Rosenkugeln wider. Die grünlich-gelben Blütenschleier des Frauenmantels bringen frische Heiterkeit in die damenhafte Farbgebung.

Oben: Eine frische Frühlingsidee für einen sonnenverwöhnten Platz auf magerem, trockenem Boden ist diese Mischung aus blauen Schwertlilien und limonengelber Wolfsmilch *(Euphorbia characias)*.

Unten: Eine kontraststarke Kombination der Blütenfarben bringt die einzelnen Partner besonders stark zur Geltung. Ein Mix, der immer gelingt, besteht aus orangeroter Sonnenbraut *(Helenium* 'Waltraud') und violettem Sommersalbei *(Saliva nemorosa* 'Amythyst').

Links oben: Aparte weiß-grüne Eleganz: Die weißblütige Lupine *(Lupinus* 'Fräulein') wird hier von Gräsern und Sträuchern mit panaschierten Blättern stilvoll umrahmt.

Rechts oben: Diese effektvolle Staudenmischung in kräftigen Rosatönen und Weiß umfasst von vorne nach hinten: Sonnenhut, Indianernessel und Veronika.

Unten: Wie leuchtende Kandelaber erhellen gigantische Königskerzen-Blütenstände das Gartenzimmer.

Wasserbecken und Brunnen

Wasser ist Lebenskraft und spielt seit der Antike eine wichtige Rolle in der Gartengestaltung. Die schönsten Wassergärten der Welt legten arabische Gartenmeister an. Für Wüstenvölker verkörpern Gärten mit kühlendem Wasser die gehegte Vorstellung vom Paradies. Bis heute beeindruckt uns die Kunstfertigkeit maurischer Gärten mit ihren erfrischenden Wasserspielen, wie sie z. B. in der Alhambra im spanischen Granada zum Ausdruck kommt. Formale Wasseranlagen in römischen Gärten waren von orientalischen Vorbildern inspiriert. In Rom ist Wasser bis heute in Form von Brunnen und Becken allgegenwärtig. Es ist erstaunlich, dass nur wenige Nachbildungen von Wasserspeiern nach italienischem Vorbild den Weg in die Gärten Englands gefunden haben.

Große Bedeutung erhielt das Wasser in den englischen Landschaftsgärten des 18. Jahrhunderts, wo große Seen angelegt wurden, die harmonisch mit den Linien der kunstvollen Parklandschaft schwingen. Das Schimmern und Glitzern der Wasseroberfläche belebt jeden Garten. Der Betrachter genießt die Nähe zum Urelement des Lebens. Fast jeder Gartenbesucher liebt Wasser in nahezu jeder Form. Im Garten wird Wasser auf zweierlei Arten verwendet: als ruhige Oberfläche oder fortlaufend in Bewegung.

Formale Wasserbecken

Der architektonische Garten in England brachte das Wasser in eine sehr konkrete und strukturierte Fasson. Ein formales Wasserbecken hat stets geometrischen Umriss und ist zumeist rund oder rechteckig oder eine Kombination aus beidem. Es schafft einen architektonisch definierten Raum und vermittelt das Gefühl von Weite. Ein einfacher, regelmäßiger Grundriss des Beckens eignet sich sehr gut als zentraler, ruhender Mittelpunkt eines Gartenzimmers. Das lineare Element einer lang gestreckten Wasserachse schafft Verbindungslinien und verleiht einen Hauch von orientalischem Flair. Gibt es in einem Gartenzimmer bereits viel Blütenfarbe, sollte dekoratives Wasser nur sehr zurückhaltend eingesetzt werden. In einem geometrischen Garten sollte die spiegelnde Fläche nicht durch Pflanzen gestört werden. Wasser spricht seine eigene, starke Sprache und wird im formalen Garten wegen seiner Ausdrucksstärke am besten als solitäres Kunstwerk betrachtet.

Shaped Pools

Formale Wasserbassins, als »shaped pools« bezeichnet, haben einen klaren, geometrischen Umriss und sind symmetrisch angelegt. Ihr wichtigstes Merkmal ist die reflektierende Wasseroberfläche. Sie dienen als akzentuierendes Gartenelement, dessen Planung und Bau große Aufmerksamkeit gewidmet wird. Klassisch sind in England ebenerdige Becken, deren Wasserspiegel nur einige Zentimeter unter dem umgebenden Niveau liegt. Solche bündig mit dem Boden abschließenden Becken sind relativ leicht zu bauen. Die Teichmulde wird ausgehoben und mit Folie belegt, die an den Rändern unter der Steinumrandung geschickt befestigt wird. Ist das Wasserbecken in eine Rasenfläche integriert, werden die sorgfältig ausgeführten Kanten mit Natursteinplatten oder Ziegelsteinreihen eingefasst. Sie rahmen zum einen das Wasserbecken großzügig ein, zum anderen verhindert der Abstand, dass geschnittenes Gras beim Rasenmähen in den Teich gelangt. Gerne wer-

Oben: Das streng formale Wasserbecken reflektiert den Himmel und seine Umgebung. Die Spiegelung ist das eigentliche Ziel von Wasser im englischen Garten. Gerne werden Wasser und Rasen durch einen umlaufenden Steinbelag getrennt.

Unten: Der Garten von Hestercombe zeichnet sich durch besonders raffinierte Wasserelemente aus. Von der halbrunden Grotte aus erfüllt das plätschernde Wasser den Garten mit seinem Klang. Ein kleiner Kanal teilt die Rasenterrasse.

Links: Erhöhte Wasserbecken sind besonders dekorativ. Dieses besteht aus stabilem Kunststein, der durch Bewuchs mit Mikroorganismen Patina bekommen hat. Die Bepflanzung der integrierten Tröge trägt zum englischen Gartencharme bei.

Rechts: Das Zentrum des idyllischen Chelsea-Flower-Show-Gartens beherrscht ein kleines Wasserbecken.

den Wasserbecken in gepflasterte Flächen eingelassen. Hier kommt die für englische Gärten charakteristische spannende Gegensätzlichkeit voll zum Tragen: Der harte, kompakte Stein kontrastiert zum durchsichtigen, flüssigen Element des Wassers. Ein schönes Beispiel aus neuester Zeit ist der Garten der Irländerin Helen Dillon. Sie tauschte ihren englischen Samtrasen im Doppel-Border gegen einen Wasserkanal in einer glatten Fläche aus Sandsteinplatten. Dies gibt ihrem Garten einen neuzeitlichen, von der Gartenkunst südlicher Länder inspirierten Blickfang und erspart nebenbei ihrem Ehemann lästiges Rasenmähen.
Für den Garten Hestercombe entwarf Edwin Lutyens äußerst innovative und raffinierte Wasserstrukturen. In der Rotunde ist ein kreisrundes Becken das Zentrum einer ausgefallenen Pflasterung. Auf der anderen Seite der Hausterrasse gibt es ein Wasserzimmer mit einer tempelartigen Grotte, die leise Wasserklänge reflektiert und sie über ein rundes, eingelassenes Wasserbecken in den Garten entsendet. Auf beiden Seiten des Parterres sind in die Seitenterrassen Wasserrillen eingelassen, die mit ihrem Plattenrand die Rasenfläche mittig teilen. In den Ausbuchtungen des schmalen Kanals stehen Wasserpflanzen. Durch sie wird das nasse Element wahrnehmbar.

Erhöhte Becken

Erhöhte Wasserbecken waren bereits in der Renaissance beliebt. Die angehobene, rechteckige Wasserfläche war in sich bereits dekorativ, sodass weitere Verzierungen nur sparsam eingesetzt wurden. Derartige Wasserbecken erfordern einen aufwendigen Bau, denn die Mauer muss nicht nur wasserdicht sein, sondern auch dem Druck des Wassers standhalten. Eine breitere, umlaufende Mauer bietet eine willkommene Sitzgelegenheit zum Beobachten von Fischen. Aus optischen und Sicherheitsgründen sollte das erhöhte Becken nicht höher als 60 Zentimeter über Bodenniveau hinausragen. Der Beckenrand kann aus Ziegel aufgemauert werden oder es werden Betonblöcke mit Steinplatten verkleidet.
Heute werden Becken gerne mit allerlei Wasserpflanzen zugestopft und verkommen so zu flüssigen Blumenbeeten. Der eigentliche Sinn der Wasserfläche, den Himmel zu reflektieren und schöne Gartenformen zu spiegeln, geht dabei völlig verloren. Deshalb favorisiere ich im kleinen Garten ein klares Wasserbecken, das, mit einem Abfluss versehen, zudem extrem pflegeleicht ist. Bepflanzte Töpfe am Teichrand oder Figuren, die sich im Wasser spiegeln, unterstreichen die ruhige Atmosphäre einer Wasserfläche.

Spiegelbeete

Die Wasseroberfläche reflektiert wie ein Spiegel wirkungsvoll das Himmelslicht, Wolken, Laubdächer und Gartenelemente aus ihrer Umgebung. In der Renaissance als »parterre d'eau«

SPIEGELUNGEN

Größere Wasserbecken werden gerne mit Seerosen geschmückt, deren schwimmende Blüten und Blätter jeden bezaubern. Damit die Reflexion des Wassers als entscheidendes Gestaltungselement nicht verloren geht, sollten die Schwimmblattpflanzen jedoch höchstens ein Viertel der Wasseroberfläche bedecken.

bekannt, wird das Spiegelbeet gerne zur dramatischen Reflexion von Statuen eingesetzt. Besonders in den heutigen kleinen Gärten ist ein formales Wasserbeet eine starke Gartenstruktur. Ein geometrisches, flaches Bassin, mit einer schwarzen Auskleidung und oberflächenbündiger Wasserfläche garantiert die beste Spiegelung. In unserem Mondgarten steht am Ende des Wasserbeckens eine Venus-Statue. Wird sie nachts angestrahlt, erscheint ihr Bildnis auf dem Wasser wie auf einem Kristallspiegel und entfaltet pure Magie. Gerade in kleinen Gärten vermittelt die Eleganz und Attraktion eines schlichten Wasserparterres ein Stück der Grandezza großartiger, formaler Gartenanlagen.

Der Senkgarten

Eine urenglische Form des Wassergartens ist der »sunken garden« oder Senkgarten. Dieser Gartentyp bezeichnet einen meist rechteckigen Bereich, der gegenüber dem umgebenden Gartenniveau um einige umlaufende Pflanzebenen abgesenkt ist. Kleine Treppen führen hinab zum zentralen Bereich, in dessen Mitte häufig ein Wasserbecken eingelassen ist. Auf den Terrassen wirken Pflanzen wie auf einer Bühne, und die Staffelung der Beete setzt eine üppige Bepflanzung besonders gut in Szene. Für die Chelsea Flower Show 2007 gestaltete die deutsche Gartenarchitektin Gabriela Pape zusammen mit Isabelle van Groningen einen Senkgarten nach dem Vorbild des größten deutschen Gärtners, Karl Foersters. Sie wurden mit einer vergoldeten Silbermedaille belohnt. Die herrlich schwelgende Pflanzenkomposition und ein japanischer Ahorn spiegelten sich effektvoll im zentralen Wasserbeet.

Teiche

Ein Naturteich entfaltet nur in einem größeren Garten den Charme einer Wildnis. Ihm sollte ein eigenständiger Teil des Gartens zustehen und er sollte bewusst vom formalen Teil getrennt sein. Ein natürlich wirkender Teich wird in einer Mulde angelegt, als sei er ohne Menschenhand entstanden. Die entspannte Randbepflanzung, herrliche Seerosen und auch Fische stehen im lebendigen Einklang mit der unformalen Gestaltung eines solchen Gartenraumes. Ein Teichgarten sollte unbedingt ein gewisses Ausmaß haben, damit die Anlage nicht wie eine Zwergenlandschaft wirkt. Mit Großzügigkeit wird die Illusion eines von der Natur geschaffenen Weihers erreicht. Trauerweiden mit ihren hängenden Zweigen sind ausdrucksstarke und typische Bäume im Naturteichgarten. Riesenblätter von dem Mammutblatt *(Gunnera manicata)* oder dem Schildblatt *(Darmera peltata)* unterstreichen die Urwüchsigkeit am Teichrand.

Links: Ein hübscher Wandbrunnen aus dem Katalog, stilvoll in eine berankte Mauer integriert, beweist hier, dass nicht alle Objekte eine teure Antiquität sein müssen, um den gewünschten »englischen Effekt« zu erzielen.

Wasser im Garten ist wunderbar, aber nicht ganz problemlos. Haben Sie kleine Kinder, ist ein Verzicht auf einen Teich die beste Lösung. Nur ein Spiegelbeet mit einem stabilen Gitter direkt unter der Wasseroberfläche wäre möglich. Am besten verschieben Sie Ihr Wasserprojekt, bis die Kinder alt genug sind. Stehendes Wasser neigt schnell dazu, ein grüner Algentümpel zu werden. Abhilfe schaffen biologische Teichchemikalien, die Haustieren nicht schaden.
Größere Teiche, vor allem mit Fischbesatz, brauchen Umwälz- und Filtersysteme, die gewartet werden müssen. Das Herbstlaub lässt einen Teich ohne ausreichende Tiefe schnell versumpfen. Natürlich könnte man viele solcher Gegenargumente finden, aber Wasser ist und bleibt ein ganz besonderes Gartenelement. Ein Gärtner, der das Wasser liebt, wird keine Mühen scheuen, einen Teich oder ein Spiegelbeet anzulegen und zu pflegen.

Brunnen

In französischen Barockgärten waren aufwendige Wasserspiele und kraftvolle, riesige Fontänen üblich, während diese in England sehr selten sind. Engländer lieben leise plätschernde Brunnen, deren Klang sehr beruhigend wirkt und die an heißen Sommertagen erfrischende Kühle verströmen. Frei stehende Brunnen mit kleinen Fontänen bilden wunderschön aussehende Blickpunkte voller Lebendigkeit, jedoch ohne zu irritieren. Man schätzt mehr ein Plätschern als ein tosendes Rauschen im Garten. Ein Brunnen oder kleines Wasserspiel übertönt mit wohltuendem Klang die Geräusche der Stadt und schenkt dem Gartenzimmer das Flair einer friedlichen Oase. Figürliche Skulpturen nach italienischen Vorbildern speien einen zarten Wasserstrahl in ein Auffangbecken und erzeugen einen fast schüchternen Klang. Besonders beliebt sind Löwenköpfe und Delfin- oder Muschelfiguren. In kleinen Gärten bieten Wandbrunnen alle Vorzüge vom Wasser »en miniature«. An passend gestalteter Wand, z.B. aus alten Steinen oder mit Rankpflanzen besetzt, kann von einem traditionellen Wasserspeier ein kleiner Strahl in ein Becken plätschern. Die Wassermenge ist sehr überschaubar und der Pflegeaufwand begrenzt. Das bewegte Wasser wird mit Sauerstoff angereichert und bleibt stets klar.

Grotten

Eine kleine Grotte ist ein sehr ausgefallenes Gartenbauwerk. Früher waren nach italienischem Vorbild geschaffene Grotten

Oben: Die Grotte hat das geheimnisvolle Flair von natürlich bemoosten Höhlen. Ein über unterschiedlich geformte Steine und Höhenstufen geführter Wasserlauf erzeugt einen herrlichen Plätscher-Klang, der durch die Grotte als gewölbtem »Resonanzkorper« verstärkt wird.

gern besuchte, kühle und erfrischende Ruheplätze, die heute nur noch Symbolcharakter haben. Grotten erzeugen die geheimnisvolle Stimmung einer Höhle. Die Innenwände wurden oft mit Muschelmosaiken ausgekleidet und der feuchte Innenraum glitzerte und funkelte bei Kerzenschein. Statt einer leicht gruselerregenden Höhle wird heute eher eine offene Grotte gewählt. Tuffstein oder poröses Vulkangestein werden an einer Wand zu einer halboffenen Form aufgebaut, unter der sich die wasserhaltende Folie versteckt. Die halbrunde Hohlform wirkt wie ein Klangkörper für den plätschernden Wasserstrahl. Außen wird die kleine Grotte berankt und zum romantischen Blickpunkt eines Gartenzimmers. Unseren Terrakotta-Garten erfüllt das tröpfelnde Geräusch aus einer Grotte mit erfrischendem Klang, und ihr Anblick weckt italienische Assoziationen.

AUS DER PRAXIS

Wasser im englischen Garten ist kein ganz einfaches Element, weil damit meist mehr verbunden ist, als einige Liter Wasser bereitzustellen. Möchte man klares Wasser, so ist eine Form der Umwälzung und eventuell Filterung notwendig. Das heißt, Elektrizität und der Raum für eine Pumpe müssen in der Nähe vorhanden sein. Dies ist natürlich bei einem Springbrunnen unerlässlich. Da Wasser im Sommer zu einem beträchtlichen Teil verdunstet, ist eine Wasserzufuhr in Reichweite zu bedenken. In unseren Breiten müssen Wasserleitungen zum Schutz gegen Frost in entsprechende Tiefe eingesenkt und isoliert werden. Am besten plant man ein Wasserelement gleich zu Beginn und verlegt die Versorgungsleitungen zuerst, bevor mit anderen Maßnahmen wie Wegebau oder gar mit dem Anlegen von Beete begonnen wird. In jedem Jahr muss die Wasserzufuhr rechtzeitig vor dem ersten Frost abgeriegelt und müssen alle Leitungen so weit wie möglich geleert werden, um ein Bersten durch gefrorenes Wasser zu vermeiden. Etwas exzentrisch, aber wirkungsvoll ist eine integrierte Heizung, die nicht nur das Wasser eisfrei hält, sondern dieses auch noch bei kalten Temperaturen mystisch zum Dampfen bringt

Beispiele und Anregungen zur Inspiration

Oben: Die Konturen der Wasserfläche werden von der umlaufenden Hecke aufgenommen. Der Wasserspiegel bietet einen ruhigen Gegenpol zu den lebhaften Formschnittfiguren.

Unten: Einer glänzenden Rosette gleicht der gemeißelte Quellstein. Über ihn wird das Wasser des schmalen Kanals umgewälzt, um es stets frisch zu halten. Das verhindert unschönen und zudem lästigen Algenbewuchs im Wasser.

Rechts oben: Die klassisch englische Bank spiegelt sich im runden Senkbrunnen. Die zum Wasser hin gestuften konzentrischen Ziegelkreise geben dem recht kleinen Wasserelement eine größere Bedeutung. Die Flächen der Stufen sind mit Duftkamille bewachsen.

Rechts unten: Der schwungvolle Weg steht auf unsichtbaren Pfeilern und scheint so über der Wasseroberfläche zu schweben. Die linear gepflanzten Seerosen, die Felsblöcke und der streng vertikal strukturierte Bambus erzeugen ein meditatives, fernöstliches Ambiente.

Oben: Geradezu tempelartig wirkt das Gebäude, das den Wasserspeier umrahmt. Aus der Schale wird das überlaufende Wasser zur breiten Kaskade geführt.

Unten: In den tiefen Senkgarten mit seiner Mauer aus alten Ziegeln bringt das lange, formale Wasserbecken einen zeitgenössischen Aspekt. Die Spiegelung der klassischen Skulptur verbindet auf elegante Weise Historisches mit der Moderne.

Links oben: Der Ruinenturm in meinem Wassergarten fungiert als Klangkörper. Denn von dort rauscht das umgepumpte Wasser wieder zurück in den Teich. Diese wohltuenden Wasserklänge übertönen die Geräusche der Stadt.

Rechts oben: Der reich verzierte, fast barocke Bronzebrunnen verteilt das Wasser gleichmäßig rundherum. Bei kühler Witterung dampft es stimmungsvoll und erzeugt romantische Atmosphäre.

Unten: Zwei große Reiherfiguren fügen sich harmonisch in die Teichrandbepflanzung meines Gartens in Köln ein. Die Hoffnung, sie würden lebendige Kollegen abschrecken, hat sich leider nicht erfüllt.

Gartenmöbel und Gartenschmuck

Eine Bank ist das wichtigste Möbel in einem englischen Garten. Sie dient nicht nur als Sitzplatz, sondern ist zugleich Gestaltungselement, ein Blickpunkt, der das Auge zum Verweilen einlädt.

Bänke

Eine Bank sollte immer in das architektonische Gefüge des Gartens eingebunden sein und nicht willkürlich hingestellt werden, z. B. nach der Himmelsrichtung. Sie bleibt als stete Struktur präsent. Auf keinen Fall sollte ein Gartenmöbel mit der Natur konkurrieren. Bei einem beweglichen Möbel kann der Standort leicht korrigiert werden, hingegen will eine fest eingebaute Bank, z. B. aus Stein, wohl überlegt positioniert sein. Am Ende eines Weges kann eine Bank als Anziehungspunkt dienen oder auf einem Podest eigens präsentiert werden. In einem Themengarten verstärkt sie das Gefühl, ein bewohnbares Gartenzimmer vorzufinden. Ob vor einer Hecke, Mauer oder von einer Nische umschlossen, mit Rückendeckung bildet eine Bank immer einen intimen Platz. Auch eine Laube, mit Rankpflanzen begrünt, oder ein Weidenkorb können diesen Zweck erfüllen, und man fühlt sich geschützt und geborgen.
Bei der Platzierung einer Gartenbank ist zu überlegen, ob man lieber in der Sonne oder im Schatten sitzt. Ein Sitzplatz im Verborgenen, vielleicht in einem Heckenalkoven, kann etwas Geheimnisvolles und Gemütliches ausstrahlen. Ein geschützter Ort ist stets von Vorteil, viele Menschen mögen gerne »etwas im Rücken haben«. Um Pflanzenduft zu genießen, ist ein Sitzplatz, umgeben von aromatischen Kräutern und Sträuchern, ideal, zumal einige ätherische Öle erst beim Zerreiben der Blätter freigesetzt werden. Besonders köstlich ist der Duft von Rosen und Geißblatt, die sich um eine kleine Laube winden und den Besucher in eine Wolke von Wohlgerüchen hüllen. Es ist ratsam, eine Bank auf Pflaster oder in ein Kiesbett zu stellen, weil sonst bei feuchtem Wetter die Füße im Matsch stehen. Polsterkissen auf Bänken sind in England so gut wie nie zu sehen. Das liegt wohl an dem unberechenbaren Wetter.

Holz – der Klassiker

Der absolute Klassiker in Gärten auf den Britischen Inseln, von den sanften Hügeln Kents bis in die schottischen Highlands, ist und bleibt die Teakbank. Hartholzmöbel sind zwar teurer in der Anschaffung, halten aber ein Leben lang. Völlig zu Recht werden sie vom einfachen Gartencenter bis zum Nobelversand in verschiedenen Ausführungen angeboten. Teak oder ähnliche Tropenhölzer (bitte nur aus Plantagenanbau) besitzen eine große Witterungsbeständigkeit. Sie wirken naturbelassen am schönsten. Die aparte, silbergraue Patina fügt sich stimmig in das Farbspiel jedes Gartens ein. Zur Pflege reicht es, sie einmal pro Jahr mit Seife und eventuell Hochdruckreiniger zu säubern. Fällt die Entscheidung für eine Bank aus Weichhölzern, benötigt diese einen Schutzanstrich und muss an einem trockenen Platz überwintern. Die Farbe kann bei jedem Neuanstrich beliebig gewechselt werden. Zu viel Mut tut einem englischen Garten allerdings nicht gut!
Es gibt viele verschiedene Modelle an Holzbänken, aber die meisten sind in ihrer Form so ausgereift, dass sie seit Jahrzehnten unverändert hergestellt werden. Berühmt ist die sogenannte Lutyens-Bank, die 1910 von dem Architekten entworfen wurde. Sie steht in den Gärten von Sissinghurst vor einer blauen Clematis: ein Bild, das jedem Liebhaber englischer Gärten geläufig ist. Holz fühlt sich stets wohltemperiert an und erlaubt ein angenehmes Sitzen zu jeder Jahreszeit.
Ein einzelner Holzstuhl kann ebenfalls sehr reizvoll sein und zum Entspannen einladen. Im Park von Chartwell, dem Landsitz Winston Churchills, steht heute noch sein Holzstuhl am Goldfischteich. Hier soll der berühmte Politiker gesessen und seine Strategien ersonnen haben. Ein Paar Stühle lädt – wie

Oben: Die Teakbank ist nicht umsonst der Klassiker in englischen Gärten. Holz ist stets das angenehmste Material für Gartenmöbel. Hier sorgen gerundete Rückenlehne und Sitzfläche für noch mehr Bequemlichkeit.

Unten: Die Gusseisenbank mit Farnmotiven wurde in einer erdigen Farbe lackiert und passt daher perfekt zur heimeligen Laube aus Weidengeflecht. Hier lässt sich entspannt der Garten genießen.

eine Bank – zu einem Pläuschchen unter vier Augen ein. Besonders englisch ist eine Holzbank, die in ein kleines Gitterbauwerk aus Holz integriert ist. Es entsteht eine private Atmosphäre, ohne jedoch die Sicht einzuschränken.

Stein und andere Materialien

Von Steinbänken möchte ich in einem neuen Garten abraten. Meistens sind sie nicht nur zu klobig, sondern fühlen sich beim Sitzen stets unangenehm kalt an. Metallbänke gibt es in vielen ansprechenden Ausführungen. Ob aus Schmiedeeisen oder gegossen, Metalle ohne Pulverbeschichtung müssen regelmäßig zum Schutz vor Witterungseinflüssen gestrichen

werden. Es gibt schöne, schlichte und grazile Bänke, aus Flacheisen hergestellt, deren Sitz als »Paris Love Seat« sogar wie eine Feder angenehm wippt. An viktorianischen Vorbildern orientieren sich gusseiserne Gartenbänke, die als Original oder hochwertige Kopie erworben werden können. Weiße Bänke sieht man in englischen Gärten eher selten. Schon Gertrude Jekyll empfand ihre Farbe als zu hart für einen Garten. Es mag sein, dass eine weiße Bank ein echter Hingucker vor einer grünen Eibenwand ist, aber auch ich finde sie effektheischend und ihren Kontrast zu stark. Schwarze und grüne Bänke fügen sich am besten in das Gartenbild ein. Farbig gestrichene Bänke in weichen Erdfarben, modernen Grau- bis Puderblautönen können sehr schöne und harmonische Farbakzente setzen. Es versteht sich von selbst, dass jede Form von Plastikmobiliar in einem englischen Garten ein echter Fehltritt wäre.

Tischgarnituren sind im englischen Garten selten. Gartenbesitzer spazieren durch den Garten, verweilen und genießen, aber halten sich nicht lange sitzend unter freiem Himmel auf. Lieber wird die »tea time« im Gartenhäuschen zelebriert oder man kehrt ins Haus zurück, um gemütlich und warm vom »gardenroom« aus den Blick nach draußen schweifen zu lassen. Mein Mann und ich genießen die vielen Bänke in unserem Garten sehr. Wir sitzen nicht stundenlang an einem Ort, sondern spazieren durch den Garten. Je nach Stimmung wird eine Bank für eine kleine Pause ausgewählt oder man macht es sich in einem saisonal besonders attraktiven Gartenzimmer gemütlich. Wie ist es herrlich, das eigene Werk, den selbst geschaffenen Garten, von einer bequemen Bank aus zu betrachten! Man lässt, von der Sonne gewärmt oder ungestört in einer Laube, umhüllt vom Duft einer Kletterose, das jeweilige Gartenzimmer auf sich wirken. Hier genießen wir nicht nur in vollen Zügen die Früchte unserer Arbeit, eine Bank ist auch der ideale Platz, um neue Ideen zu entwerfen, Verbesserungen zu überlegen und Pläne zu schmieden. Bei jedem Spaziergang habe ich Stift und Zettel in der Tasche und notiere die spontanen Einfälle, bevor sie in Vergessenheit geraten.

SCHÖNER SITZEN

Alte Gussmetallbänke mit floralen Mustern tauchen in England immer wieder bei Auktionen auf. Es lohnt sich, sich dort umzusehen. Sie sind besonders stilvoll und ein echter »eyecatcher«. Man kann sie auch farbig streichen.

Links: Eisenstühle mit Sitzfläche und Rückenlehne aus Holz wirken natürlich und bieten dank ihrer warmen Oberfläche angenehmen Sitzkomfort. Auf dem Natursteinpflaster finden die etwas schweren Metallmöbel einen guten Stand.

Rechts: Edle klassische Skulpturen unterstreichen den Stil eines englischen Gartens. Sie schmücken besonders im Winter, denn gerade dann sind sie ein willkommener Blickfang.

Gartenschmuck

Den Garten mit Kunstwerken zu dekorieren hat eine lange Tradition. In der Antike schmückten Skulpturen die Gärten und in der Renaissance erlebte dieser Stil eine neue Blütezeit. Neben Menschen- und Tierfiguren findet sich im architektonischen Garten auch nichtfigurativer Schmuck, wie Kegel, Kugeln, Obelisken oder Gefäße, wieder. Seit Beginn des 20. Jahrhunderts gab es in England ein besonders hoch entwickeltes Kunsthandwerk. Die Künstler widmeten sich dem Herstellen von »garden ornaments«, Accessoires, die in keinem Garten fehlen durften. Schmuck verleiht dem Garten das ganze Jahr über Anhaltspunkte und schafft selbst im Winter Atmosphäre. Es ist zwar richtig, dass jede Skulptur im Garten einen Blickfang darstellt, aber nur wirklich gute Arbeiten werden ihren Betrachter anregen und bezaubern.
In Ihrem formalen Garten im englischen Stil sollten Sie sehr wählerisch sein und wirklich nur ausgesuchte Stücke von klassischer Schönheit platzieren. Moderne, abstrakte Kunstwerke wirken in einem traditionellen Garten sicher deplatziert. Auf keinen Fall den Garten überdekorieren. Weniger ist da wieder einmal mehr.
Entscheidend wie die Auswahl des Motivs ist das Beziehungsgefüge zwischen Garten und Kunstwerk. Der Gartenschmuck sollte in Harmonie mit der unmittelbaren Umgebung wie auch mit dem Gesamtentwurf stehen. Der Standort muss genau geplant werden. Ein eigener Raum oder eine spezielle Nische sind der gebührende Platz für wertvolle Gartenskulpturen, die immer Anziehungspunkte sind. Gute Arbeiten vermögen den Betrachter zu verzaubern oder nachdenklich zu stimmen. Am Ende von Wegen sind Skulpturen besonders gut positioniert. Alleen oder Blickachsen leiten das Auge und lassen es am Endpunkt fokussieren, man spricht von »Vistas«. Figuren können auch im Mittelpunkt eines Gartenraumes einen reizvollen Kontrast von Natur und Kunst bilden. In jedem Fall sollte die Umgebung des Kunstwerks Ruhe und Schlichtheit ausstrahlen. Ein detailliertes, figürliches Kunsterzeugnis in einem bunten Blumenbeet ist eine Fehlbesetzung und führt zum Überangebot an optischen Reizen.

Skulpturen und Statuen

Sehr teure Statuen von renommierten Auktionshäusern sind letztlich auch nur Kopien antiker Figuren, so kann man sich getrost für eine gute Replik aus heutiger Zeit entscheiden. Allerdings dürfen sie nicht aussehen wie »aus dem Baumarkt«! Im Kapitel »Patina« (Seite 163) finden Sie Erläuterungen, wie der gewünschte Alterungsprozess von Figuren beschleunigt werden kann. Gartenschmuck, in Pflanzen eingebettet, schafft eine stimmungsvolle Atmosphäre. Mit wildem Wein oder Efeu bewachsen, wirken Statuen oder kleine Fragmente, z.B. Säulenstücke oder ein Kapitell, als wären sie schon viele hundert Jahre an diesem Ort. Größe, Thema und vor allem Position der Dekoration sollen den Garten bereichern und nicht stören. Bevorzugte Kunstwerke

Links: Ein Satyr ist in der griechischen Mythologie ein Waldgeist, der dämonisch und animalisch ist und die ausgelassene Seite des Naturlebens repräsentiert.

leiten sich von Vorbildern der griechisch-römischen Götterwelt ab, allen voran Flora, die Göttin der Blumen. Daneben sieht man in England häufig die Jagdgöttin Diana und Ceres, die Erntegöttin mit üppigen Korngaben. Neben den Frauengestalten der »Vier Jahreszeiten« sind männliche Götter beliebt. Es ist allerdings sinnvoll, sich nur für wenige, größere Stauen zu entscheiden und nicht ein Potpourri von niedlichen Figürchen aufzustellen. Gartenschmuck ist in England meist aus Stein oder natürlich wirkendem Kunststein, seltener aus Eisen oder Blei. Sorry, aber blanke Bronzetierchen oder putzige Putti wären ein schlimmer Stilbruch. Im englischen Garten gibt es in dieser Hinsicht eine klare Demarkationslinie zwischen Kunst und Kitsch!

Vasen und Töpfe

Bevor Sie viel Geld ausgeben und vielleicht eine unpassende Figur erwerben, sollten Sie sich lieber für einfachen Gartenschmuck entscheiden. Mit schönen Töpfen, Vasen und Urnen, wie sie schon im alten Rom geschätzt wurden, macht man nichts falsch. Seit Jahrtausenden ziert ein Material die Gärten: Terrakotta. Der natürliche Charme von gebrannter Erde passt sich in vielen dekorativen Formen dem Garten an. Ob bepflanzt oder als Zierelement auf einem Sockel, ein großes Terrakottagefäß ist immer ein einfacher und dabei sehr klassischer Gartenschmuck. Neben günstiger Handelsware, die im Haus überwintern muss, gibt es speziell gebrannte Terrakottagefäße, z. B. aus Kreta, die Frost bis minus 20 Grad ertragen. Vasen und Urnen (Hohlkörper meist mit Deckel) gibt es auch aus Stein, Steinzeug oder seltener aus Metall. Sie können als klassisch elegante Dekorationen einen formalen Garten bereichern. Besonders schön sind natürlich alte Gefäße, aber Sie können neue und damit preisgünstige Stücke mit etwas Nachhilfe schnell »in Würde altern lassen« (siehe Seite 161–164).

Weitere beliebte Motive

In England findet man häufig auch geometrische Skulpturen wie Säulen, Obelisken und Pyramiden. Schon in der Römerzeit waren dies beliebte Schmuckelemente im Garten. Sie wurden auch von Gartenarchitekten in der Renaissance sehr geschätzt. Derartige Stücke werden gerne als Paar mit einer gewissen Torfunktion aufgestellt. Sie flankieren z. B. einen Weg und lenken das Auge auf den entfernt liegenden Blickpunkt. Damit unterstreichen sie dessen Bedeutung. Kugeln und stilisierte Ananasfiguren werden häufig als Krönung von Mauerpfeilern, besonders an Toren, verwendet. Waren früher massive Steinobelisken en vogue, sind es heute Treillage-Pyramiden. Das Holzgerüst sitzt auf einem Pflanzgefäß, aus dem ein immergrüner Strauch von innen herauswächst. Meist ist es Eibe, die entlang der Außenlinien der Holzpyramide eingekürzt wird und so deren geometrische Form annimmt. Sehr verbreitet sind in England Sonnenuhren. Dies ist erstaunlich, weil der Himmel über den Britischen Inseln bekanntlich oft verhangen ist. Vielleicht liegt ihre Faszination

in den astronomischen Gesetzen. Sonnenuhren besitzen architektonischen Charme. Das säulenartige Piedestal (Sockel) kann schlicht oder ausgefallen gestaltet sein. Es trägt ein Gnomon (Uhrzeiger), das einen Schatten auf das flache Zifferblatt wirft und die Stunde anzeigt. Der tiefere Sinn einer Sonnenuhr ist, den Lauf der Zeit zu symbolisieren, den wir nicht aufhalten können. Sie deutet letztlich auf die Sterblichkeit hin. Aber bekanntlich zählt die Sonnenuhr nur die schönen Stunden. Meistens wird für eine Sonnenuhr ein bedeutungsvoller, geräumiger Aufstellungsort gewählt. Dies kann im Zentrum eines Gartenzimmers oder in der Mitte eines Wegekreuzes sein. In jedem Fall muss es ein vollsonniger Standort sein und die Sonnenuhr nach dem Gestirn ausgerichtet werden.

Keineswegs darf ein englischer Garten als Galerie für moderne Kunst genutzt werden, obwohl Hecken und Rasen scheinbar idealer Hintergrund wären. In Gärten mit neuzeitlicher Gestaltung können sicherlich zeitgenössische Plastiken wunderbar präsentiert werden. Aber der architektonische Garten im englischen Stil beschränkt sich auf klassische Komponenten, die den Geist der Antike und ihrer Renaissance atmen.

Links: Sonnenuhren sind in England ein besonders beliebtes Dekorativ für den Garten, und bekanntlich zählen sie nur die heiteren Stunden.

Rechts: Vor allem bei großen und daher kostspieligen Terrakottavasen sollten Sie darauf achten, dass sie frostfest sind, wie diese Amphore aus Kreta.

Die größte Gefahr ist immer, zu viel zu wollen. Die Beschränkung auf wenige, herausragende und thematisch passende Stücke bereichert geschmackvoll Ihren englischen Garten.

AUS DER PRAXIS

Ich liebe Gartenbänke! Sie laden ein, innezuhalten und den Garten zu bewundern. Oder regen dazu an, einfach mal die Gartenarbeit zu unterbrechen und – statt Unkraut – die Schönheit der Blumen zu betrachten.
Nicht immer wird der gewählte Platz für eine Bank auch zum Lieblingsplatz. 15 Jahre hatte ich zwei Bänke in meinem recht schmalen Duft- und Kräutergarten, der zumal bei einem Rundgang bereits das zweite Gartenzimmer ist. Weder die Position noch der erst kurze Spaziergang machten Lust aufs Platznehmen. Endlich erkannt, wurden statt der beiden Bänke zwei Formschnitt-Spiralen in attraktiven Metalltöpfen in die Nischen der Buchenhecke gestellt. Diese grünen Kunstwerke vor der im Winter kupferfarbenen Heckenwand bereichern erstaunlich das Formschnitt-Ensemble dieses Gartenzimmers.
Also, Sie sollten nicht zwingend die einmal gewählte Position einer Bank belassen, sondern bei Zweifeln am wahren Nutzen die Bank einfach umhertragen und versuchen, eine bessere Stelle im Garten zu finden. Oder sie wandert wieder an die alte, doch gute Stelle.
Oft werde ich gefragt, welcher mein Lieblingssitzplatz sei. Das ist auf jeden Fall die Bank im Wassergarten, wo der Klang des Brunnengeplätschers alle Geräusche der Stadt übertönt.
Einen vielbenutzten Esstisch auf einem englischen Rasen halte ich für bedenklich, weil scharrende Schuhsohlen meine erheblichen Rasenmaßnahmen schnell zunichte machen. Ich finde einen Freilufttisch mit Stühlen wunderbar, aber lieber auf einem strapazierfähigen Untergrund wie Kies oder Pflaster. Und weil ich es gerne still im Garten habe, ist für mich ein Belag aus leisen Holzspänen ideal.
Kunstwerke im englischen Garten sind ein sehr sensibles Kapitel. Selten ist mir bei Besuchen in den unzähligen Gärten Englands ein Kunstwerk negativ aufgefallen oder in Erinnerung geblieben. Außer vielleicht in Prinz Charles' Highgrove, wo der Gute zu viele von Herrschern aus aller Welt geschenkte Objekte in einem Wäldchen platziert hat. Die meisten Kunstobjekte in Gärten auf den britischen Inseln sind »antik«, oft sogar wertvolle Antiquitäten oder sehr gut gemachte Kopien von historischen Vorbildern. So ist in Gärten in englischem Stil moderne Kunst fehl am Platz. Ein Gartenbesitzer, der sich dieser Art von Garten verschrieben hat, besitzt genügend Sensibilität, dies zu erkennen.
Mir gefallen besonders Gartenobjekte, die ihre eigene Geschichte haben und eine ganz besondere Bedeutung für mich haben. Sie waren entweder schwierig zu »ergattern«, vielleicht auf einer Auktion ersteigert oder auf einer Reise zufällig entdeckt und mit Mühe nach Hause verfrachtet. Beim Spaziergang setzen solche geliebten Gegenstände schöne Erinnerungen frei.
Viele antik aussehende Figuren wirken besser, wenn sie nicht einfach auf den Boden gestellt werden, sondern ein kleines Podest bekommen. Lässt man dieses Betonfundament mit Efeu beranken und auch ein wenig an der Figur emporklettern, wird die Skulptur »geerdet« und verwächst mit seiner Umgebung.
Vor ästhetischen Fehlgriffen ist man nicht gefeit. Erscheint das Objekt beim Kauf als sensationelle Bereicherung des heimischen Gartens und wird, dort angekommen als unpassend empfunden, gilt das einfache Motto: »If you have doubt – out!« (Bei Zweifel – raus!). Bei Ebay finden Sie sicher schnell einen glücklichen Abnehmer.

Beispiele und Anregungen zur Inspiration

Links oben: Warum eine neue Bank kaufen? Man kann sich auch an der schönen Patina eines bemoosten Exemplars erfreuen, das perfekt zu Gärten im englischen Stil passt.

Rechts oben: Fast etwas sakral wirkt dieser Holzalkoven. Die Rückendeckung macht ihn zu einem Schlupfwinkel voller Geborgenheit.

Unten: Vor blauen und violetten Blüten fügt sich eine blaue Bank besonders gut in den Garten ein. Die blumige Armlehne trägt ihren Teil zur Integration bei.

Oben: Auf dem Treppenpodest lädt ein solider Teakholzstuhl ein, sich niederzulassen und den Rosenduft zu genießen. Eine Sitzgelegenheit in einer solchen »Poleposition« eröffnet den Blick gleich in mehrere Richtungen.

Unten: Eine schlichte Holzbank ist immer eine gute Wahl; hier lädt sie zum Niederlassen unter dem Gold-Trompetenbaum ein. Holzbänke sind bequem und passen sich jeder Gartensituation an, denn es gibt sie in vielen Größen und Farben.

Oben: Das ist großartige Gartenkunst im englischen Stil: ein Fruchtkorb aus Sandstein umgeben von riesigen, weich geformten Buchsbaumkissen.

Unten: Ein wuchtiger Steintisch hat immer einen klaren, unverrückbaren Standpunkt und trotzt jeder Witterung.

Oben: Wie jede Antiquität braucht eine solch wertvolle Steinvase einen besonderen Platz. Die Buchsbaum-Beetumrandung erweitert sich zu einem bepflanzten Kreis, um der Bedeutung der Vase Ausdruck zu verleihen.

Unten: In unserem Terrakotta-Garten in Köln reihen sich Tongesichter als Wandschmuck und zwei Metallurnen strukturieren das schwelgerische Purpur-Border.

Links oben: »Staddle Stones« oder Mausepfeiler von Kornspeichern sind beliebte Sammlerobjekte.

Rechts oben: Die kleine Büste ruht auf einem stabilen, nicht sichtbaren Metallträger in der Nische einer Eibenhecke.

Unten: Ein Tischchen aus Steinblöcken bildet die Basis für einen kleinen Steingarten und hebt ihn angenehm auf Augenhöhe.

Glashäuser und Gazebos

Ein formaler Garten, der mit seinen individuellen Gartenräumen als erweiterte Architektur des Wohnhauses geplant ist, weckt häufig den Wunsch nach einem eigenständigen Häuschen im Garten selbst. Der Naturpoet William Cowper bemerkte sehr richtig: »Who loves a garden, loves a greenhouse too« (Wer einen Garten liebt, liebt auch ein Glashaus). Allein die Vorstellung, man könnte dort unbeschwerte Stunden verbringen, bereitet schon Glücksgefühle.

Gartenhäuser

Das eher kleine Gebäude sollte den Garten mit seiner beschwingten Architektur bereichern, ein schönes Design haben und ganzjährig attraktiv aussehen. Eine hässliche Konstruktion aus dem Baumarkt beleidigt in jedem Fall einen englischen Garten! Falls man einen Schuppen für Geräte benötigt, sollte er stets versteckt werden, da er keinen erfreulichen Anblick bietet und nur von praktischem Nutzen ist. Im Garten selbst stellt ein gut proportioniertes, attraktives Gartenhaus einen wichtigen Blickpunkt dar und unterstreicht mit seiner Schönheit die Gesamtanlage. Zum Glück werden wirklich hübsche Gartengebäude, häufig aus England importiert, angeboten. Falls das Budget schon strapaziert ist, vertagt man den Bau eines Gartenhauses. Den vorgesehenen Platz könnte man temporär z. B. mit einer Bank und Kübelpflanzen verschönern, die später einen anderen Platz im Garten bekommen. Mit Zeit und Ruhe wählt man sein persönliches »Schatzkästchen«, denn es sollte der Beginn einer lebenslangen Freundschaft sein!
Bei der Wahl eines Gartenhauses schließt Schönheit den praktischen Nutzen nicht aus. Ja, die Vereinigung von beiden Aspekten lässt ein solches Gebäude besonders wertvoll für den Gartenliebhaber werden, wie z. B. ein Gewächshaus. Das Wörterbuch der europäischen Gartenkunst definiert es so: »...rundum aus Glasscheiben erbauter Skelettbau aus einer Holz- oder Eisenkonstruktion. Mit ihrem günstigen Klima, unterstützt durch Beheizung und regelmäßige Bewässerung, sind Gewächshäuser unverzichtbar für die Sammlung und Pflege von lebendigen Pflanzen und haben nicht selten den Charakter eines Pflanzenmuseums.« Natürlich war es ein Engländer, der Gartenplaner John Claudius Loudon, der mit seiner verglasten, leichten Eisenkonstruktion aus dünnen Sprossen 1816 das Glashaus erfand. Im Prinzip wird es bis heute so gebaut. Seine simple Idee, eine optimale Sonneneinstrahlung mit schönen, gläsernen Gebilden zu erreichen, wurde begeistert aufgenommen. Bald reichte die Bandbreite von schlichten Hausanbauten bis zu den riesigen Glaskuppelbauten viktorianischer Zeit, wie es die Glashäuser von Kew Gardens in London bis heute eindrucksvoll dokumentieren.

Edle Glashäuser

Ein Glashaus im formalen Garten sollte den hohen ästhetischen Ansprüchen dieses Gartentyps entsprechen. Entweder frei stehend oder an eine schöne Mauer gebaut, bildet es ein ausdrucksstarkes Gestaltungselement. Heute kann man sehr hübsche Glashäuser aus Aluminium erwerben, die in verschiedenen Farben pulverbeschichtet und damit sehr pflegeleicht sind. Aluminium ist ideal: Es ist leicht, witterungsbeständig, kann filigran gestaltet werden und rostet nicht. Weiße Glashäuser sind mir persönlich zu grell und dominant und stören oft den harmonischen Gesamteindruck eines Gartens. Eine dunkelgrüne Metallkonstruktion passt sich immer bestens an, während moderne Versionen in Grau oder Taubenblau sehr edel aussehen und ein echter »Hingucker« sind. In jedem Fall besitzt ein traditionelles Glashaus ein gemauertes, etwa kniehohes Fundament, an das auch ein Frühbeetkasten angebaut werden kann. Günstig für eine gute Belüftung sind Dachaufsteller, die über ein Gasdrucksystem automatisch die sonnenabgewandten Dachfenster je nach Außentemperatur öffnen und schließen. Da sich Glashäuser bei Sonne schnell aufheizen, braucht man einen außen liegenden Sonnen-

Rechts: Hidcote sendet herzliche Grüße zur Chelsea Flower Show. Ein Nachbau des berühmten Gartenhäuschens aus den Cotswolds bezauberte die Schaubesucher.

schutz. Bewährt hat sich für die südlichen Dachseiten eine reflektierende Stoffbahn, die aufgerollt am First angebracht ist. Im Handbetrieb wird diese über das Glasdach gezogen und kann wie ein Springrollo wieder eingezogen werden.

Das Innere eines Glashauses gestaltet man nach seinen Bedürfnissen. Auf jeden Fall löst der würzige Geruch in einem Gewächshaus ein angenehmes Gefühl von erdiger Fruchtbarkeit aus. Duftende Rankpflanzen, die entlang der Streben klettern, oder Nutzpflanzen, wie Wein oder Gurken, die sich nach oben winden, verstärken die Impressionen eines Dschungels. Dies erinnert an mutige Pflanzenjäger, die Unbekanntes aus aller Welt nach Europa brachten und die botanischen Neuheiten zunächst in Glashäusern kultivierten. Möchte man Pflanzen selbst anziehen oder sammelt man Raritäten, braucht man geeignete Pflanztische. Diese umlaufend angeordneten, etwa ein Meter hohen Stellagen sollten ebenfalls aus Aluminium sein, da diese stabil und rostfrei sind. Am besten bedeckt man die Tischoberfläche mit einem wasserundurchlässigen Material wie Teichfolie. So kann der Platz unter den Tischen als Stauraum genutzt werden. Unschöne, aber notwendige Gegenstände kaschiert man mit einem passenden Vorhang. Ein Glashaus sollte nie zu einer »Rumpelbude« verkommen, sondern seinen Besitzer mit Stolz und Freude erfüllen. Auf dem Pflanztisch begünstigt eine Schicht aus kantigem Splitt den Halt der Töpfe und den

WINTERSCHUTZ

Man sollte sein Glashaus möglichst so groß planen, dass die Kübelpflanzen hier überwintert werden können, denn nicht umsonst heißt es auch: Wintergarten. Selbst als »Kalthaus« benötigt ein Glashaus eine Heizung, um es garantiert frostfrei zu halten.

Links: Dieses weiße Glashaus wird im Wesentlichen zur Anzucht und zum Überwintern genutzt und demonstriert seine klare Aussage als Arbeitsplatz inmitten bunter Blumen.

Rechts: Sprossenfenster bis zum Boden erlauben von diesem Gartenhäuschen aus einen umfassenden Ausblick in die schöne Umgebung.

Abfluss von Gießwasser. Zusätzliche Fensterbänke an den Frontseiten lassen einen Blumenschätze, wie in einem Kabinett, effektvoll präsentieren.
Unerlässlich ist ein Wasseranschluss, am besten gleich mit einem Waschtisch. Hier kann man lustvoll Vasen mit den schönsten Sträußen aus dem eigenen Garten herrichten. Hat man dann noch Platz für ein Tischchen mit Stuhl zur Entspannung, ist das Gärtnerglück perfekt!

Gazebos und Sommerhäuser

Ein Gazebo (Südddt. Salettl)ist eine Art Pavillon, der frei stehend mit einem Dach versehen und nach den Seiten hin offen ist. Das Gazebo schenkt Schutz und Schatten. Es bietet nicht nur einen schönen Ausblick, sondern ist selbst ein schöner Anblick. Der Ausdruck taucht im Englischen seit 1752 auf und entwickelte sich wahrscheinlich aus »que c'est beau« (französisch: wie schön) zu »gazebo«. Ein Gazebo kann auch eine Steinkonstruktion im Stil eines antiken Tempels sein oder von vergangenen Epochen oder fernen Ländern inspiriert wirken. Meistens ist ein Gazebo aber aus Holz gebaut. Die Seiten können mit Gitterwerk versehen sein, an dem sich Kletterpflanzen malerisch emporranken. So wird der Blick wie durch ein Fenster gerahmt und von Pflanzen umschmeichelt. In seiner kleinsten Ausführung handelt es sich um eine Gartenbank in einer Art Holzgehäuse mit zierlichem Spaliergitterwerk, in dem man sich geborgen fühlt. Eine schützende Rückwand und seitliche Gitterpaneele tragen ein kleines Dach. Ein schmückender Bewuchs von Duftpflanzen erhöht den sinnlichen Reiz des Sitzplatzes.
Derartige »arbours« oder Holzlauben gibt es in vielen Farben und Ausführungen bei Fachhändlern. In jedem Fall steht ein Gazebo immer an einer exponierten Position und ist ein romantischer Aussichtspunkt, der zum Verweilen einlädt.
Sommerhäuser sind dagegen geschlossene Gartengebäude in Form von kleinen Häusern, die in die Natur eingebettet sind. Auf der ganzen Welt fühlen sich sowohl Kinder als auch Erwachsene magisch von kleinen Gartenhäusern angezogen. Es sind immer heimelige Orte des Rückzugs, der Stille oder lauschiger Zweisamkeit an schönen Sommerabenden. Hier kann man sorgenfrei und ohne Alltagspflichten die schönen Dinge des Lebens genießen. Oder sich einfach bei einer Tasse Tee von der Gartenarbeit erholen.
In der Regel weist ein Gartenhaus Fenster auf, sodass der Garten von dort aus auch bei Regen genossen werden kann. Eine Tür, die sich weit öffnen lässt, erhöht das Zusammen-

spiel mit dem umgebenden Garten. Ein Gartenhaus sollte als ausdrucksstarkes Element in der Gesamtkomposition angesehen werden. 1901 schrieb Thomas Mawson in seinem Buch »The Art and Craft of Garden Making«, der architektonische Garten sei unvollständig ohne ein Gartenhaus. Ein Gartenhaus kann Hauptelement eines Gartenzimmers sein, um das sich die Bepflanzung arrangiert. Oder man wählt die Position für ein Gartenhaus am Ziel oder Endpunkt eines Weges zur Verstärkung der optischen Tiefe. Ein längerer Zugang zum Gartenhaus verstärkt die Spannung und erhöht die Vorfreude auf das Innere des kleinen Gebäudes.

Bauweise und Ausstattung

Im Handel werden die unterschiedlichsten Gartenhäuser in vielen Farben und Formen, zumeist aus Holz, angeboten. Auch dem eigenen Entwurf sind keine Grenzen gesetzt: Ob ein Steinhäuschen im gotischen Stil oder ein Fachwerkhaus als »Rustic« (ein mit Ästen verziertes Gartenhaus), nichts ist unmöglich. Um in einem formalen Garten stilvoll integriert zu werden, sollten sie höchste ästhetische Kriterien erfüllen und selbst ein »eyecatcher«, ein Blickfang, sein. Eine Blockhütte oder ein zu einfaches Gebäude wären völlig deplatziert. Besondere Sorgfalt sollte man dem Material des Daches widmen. Nicht nur als Schutz ist es wichtig, sondern als vertikale Fläche von großer Bedeutung. Charakteristisch wirken angewitterte Schindeln aus Holz oder Ziegel, nobel ein Kupferdach, während ein Strohdach an niedliche Häuser in den Cotwolds erinnert. Eine spitze Dachform kann in verspielten Wetterfahnen oder mit einer Kugel enden und den Blick in die Höhe lenken. Da englische Gärtner wahre Rankpflanzen-Fetischisten sind, ist eine romantische Kletterrose immer authentisch.

Ein Gartenhaus, mit Heizung und Licht ausgestattet, kann das ganze Jahr hindurch genutzt werden. In England werden sie gerne als »writer's room« bezeichnet, ein Refugium im Garten, in dem der Geist sich in Abgeschiedenheit entfalten kann. Bereits in der italienischen Renaissance wurden Gartenhäuser als »loggie delle muse« bezeichnet. Selbst Goethes Sommerhaus in Weimar gelangte zu Weltruhm, und Mark Twain ersann die Abenteuer seines »Tom Sawyer« in einem Gartenhaus. Wer weiß, in wie vielen Lusthäuschen in Gärten Weltliteratur geschrieben wurde? Auf jeden Fall waren Gartenhäuser beliebter Schauplatz in zahlreichen Liebesromanen und sind auf Gemälden verewigt. Da man im Gartenhaus den Musen näher zu sein scheint, sollte der moderne Mensch sich überlegen, ob er diesen wertvollen Ort der Kreativität

Links: Die luftige Bauweise des Gazebos gewährt Frischluft und gleichzeitig charmanten Schutz gegen die Sonne. Hier wird es durch das Spiegelbild im Wasser zum doppelt schönen Blickfang.

nicht nutzen könnte. Ein rechtzeitig verlegter Internetzugang ermöglicht den entspannten Kontakt zur weiten Welt von einem kleinen Häuschen aus und lässt den Gedanken dabei freien und ungestörten Lauf.

AUS DER PRAXIS

Ein Gartenhaus ist eine Anschaffung fürs Leben. Dies gilt besonders, wenn man sich für eine aufwendige Konstruktion entschieden hat mit einem entsprechenden Wert. Viele Fragen kommen auf: Stimmt die Größe, sind der Platz und die Himmelsausrichtung gut gewählt, wie hoch oder wie niedrig soll es sein, ist eine »mutige« Farbe richtig? Möchte man sicher sein, ob das Gartenhaus aus Glas, Holz oder Stein optisch den Garten bereichert, bietet sich die Fotomontage an. Per Computer lässt sich leicht das Wunschhäuschen per Mausklick in den Gartenanblick integrieren. Außerdem würde ich das Gartenhaus vor Ort ausprobieren. Zum Beispiel mit einem einfachen kostengünstigen Party-Gartenzelt, das man hinterher weiterverkaufen kann. Ein solches Zelt lässt sich leicht verschieben und ausrichten. Außerdem entwickelt man ein Raumgefühl und kann schon einmal »probesitzen«. Das steigert schon die Vorfreude.
Ist das Gartenhaus fertig, braucht es meist einige Zeit und Geduld, bis alles so ist, wie man es erträumt hat. Einige Pflanzkübel oder ein Beet davor lassen es rasch aussehen, als hätte es schon immer im Garten gestanden.
Kerzenlicht ist sehr romantisch, aber ich würde auch an eine schöne, elektrische Lampe denken, die man dimmen kann, um eine heimelige Stimmung zu erzeugen.

Beispiele und Anregungen zur Inspiration

Oben: Ein kleines Glashaus, eingekuschelt in den eigenen Garten, lässt Gärtnerherzen höher schlagen. In typischem »british green« wirkt es sehr dezent.

Unten: Unser Glashaus in Köln bietet, vom Wassergarten aus betrachtet, auch im Winter einen bezaubernden Anblick. Der zusätzliche Giebel ohne Glas wurde später angebaut, um ihn mit einer *Clematis montana* beranken zu lassen.

Oben: Dieses wirklich charmante Glashaus ist von drei Seiten mit altem Gemäuer umschlossen. Die offene Seite stellt einen fließenden Übergang vom Gebäude zum Garten her.

Unten: Ein Wintertraum unter Glas: Kamelien, umhüllt vom Duft eines im Januar blühenden Jasmins.

Oben: Das Holzhäuschen bietet aus formvollendeten Fenstern einen Rundumblick ins Freie. Unter stilechtem Kronleuchter lässt sich ganz britisch Tee genießen.

Unten: Ein klassisches Gartenhaus: Achteckiger Grundriss, mit einem wetterfesten Dach versehen und einer rückwärtigen Wand. So schenkt es bei aller Offenheit auch Schutz und Geborgenheit.

Oben: In Barnsley House adelt ein griechisches Tempelchen den abgeschlossenen Wassergarten. Das Tor schützt Kleinkinder vor dem tiefen Teich.

Unten: Wie eine Schutzhütte steht der offene Holzbau am höchsten Platz im Garten und gewährt einen guten Überblick. Seine Farbe korrespondiert mit der grauen Trockenmauer.

Oben: Welch moderne Eleganz! Die Metallkonstruktion fügt sich mit quadratischem Gitterwerk und kühnem Doppeldach dennoch erstaunlich gut in den traditionellen Garten ein.

Unten: Ein himmelblauer Traum wird, mit weichen Sofas möbliert, zum gemütlichen Lebensraum mitten im Garten.

Mein englischer Garten in Köln

Patchwork mit Struktur

»Ein englischer Garten in Köln« lautet der Titel meines Gartenbuches, das 2002 erstmals unseren Privatgarten in Bild und Wort vorstellte. Es handelt sich um einen ca. 8000 Quadratmeter großen formalen Garten, der im englischen Stil in verschiedene, voneinander getrennte Bereiche aufgeteilt ist, die gerne als Gartenzimmer bezeichnet werden. Mit britischem Humor könnte er »Patchwork aus Einzelgärten« genannt werden. Spaziert der Besucher durch den Garten, kann er kaum glauben, dass dieses faszinierende Ensemble von verwunschenen Gartenräumen noch relativ jung ist. Der Garten ist ein grünes Haus ohne Dach und wie ein englischer »walled garden« von einer Mauer umschlossen. Perfekte Hecken und rustikales Mauerwerk bilden die Wände der Themengärten, in deren Schutz sich ein geradezu englisches Mikroklima entwickelt, das eine üppige Pflanzenpracht sich entfalten lässt. Wie über Flure sind die Gartenzimmer miteinander verbunden und Durchgänge erlauben, wie Haustüren, von einem Raum zum anderen zu schlendern. In einer raffinierten Abfolge von kleinen und größeren Einzelgärten überraschen immer wieder neue Einblicke, die im Jahresverlauf mit saisonalen Höhepunkten einen interessanten Zeitfaktor einbringen. Das ausgeklügelte Wegesystem geleitet den Gast in immer neue »Privatgemächer« des Gartens, man verliert sich in der Schönheit der Anlage, ohne in ihr verloren zu gehen.
Kleine Ausblicke verlocken dazu, den Garten zu erkunden, und Vistas mit einem fesselnden Blickpunkt, wie einer Statue oder Sitzgelegenheit, vermitteln die Tiefe des Gartenreiches. Überraschungen gibt es überall – seien es starke Kontraste von Licht und Schatten oder harten Oberflächen zu weichen, voluminösen Pflanzenarrangements. Das Spektrum reicht von lauschigen Lauben, spiegelnden Wasseroberflächen, mystischen Ruinen und stilvollem Glashaus bis zum grandiosen Knotengarten. Erstaunliches wartet an jeder Ecke. Geheimnisse über den Inhalt des nächsten Gartenzimmers werden erst beim Betreten zur Überraschung des Besuchers gelüftet. Eine spannende Dramaturgie zieht ihn durch das Ensemble von Themengärten. Trotz unzähliger, fesselnder Details strahlt der Garten wegen seiner gezielten Formalität Ruhe und Gelassenheit zu allen Jahreszeiten aus. Er ist eine schier unerschöpfliche Quelle an Muße und Erholung für meine Familie und mich: unser Paradies auf Erden!
Aber unser Garten Eden ist kein Geschenk des Himmels, sondern das Resultat von exakter Planung, kompetenter Realisierung und steter intensiver wie liebevoller Pflege.
In unruhigen und unsicheren Zeiten ist ein Garten wie einst der mittelalterliche »hortus conclusus«. Er ist ein geschützter Ort des Rückzugs und Friedens, er bedeutet das kleine heimische Glück in einer immer chaotischeren Welt. Wir lieben unseren Garten!

Rechts: Das Gemälde von Jonathan Myles-Lea zeigt unseren Garten in einer Dreiviertel-Perspektive und dient hier als Plan für den im Folgenden beschriebenen Gartenrundgang. Die Ziffern helfen Ihnen, den im Text vorgestellten Gartenteilen ihre Lage und Größe auf dem Grundstück zuzuordnen. Der Garten weist insgesamt eine Fläche von rund 8 000 Quadratmetern auf. Der Rundgang beginnt mit dem vor dem Haus gelegenen Knotengarten ❶ sowie dem anschließenden Brunnengarten ❷. Dann wendet er sich zunächst nach links und schreitet danach hufeisenförmig das Gelände ab, Gartenraum für Gartenraum. Kommen Sie mit auf einen Spaziergang!

- ❶ Knotengarten
- ❷ Brunnengarten
- ❸ Terrakotta-Garten
- ❹ Duft- und Kräutergarten
- ❺ Schwarzer Garten
- ❻ Galeriegarten
- ❼ Weißer Garten
- ❽ Allee
- ❾ Bauerngarten
- ❿ Rosengarten
- ⓫ Wassergarten
- ⓬ Sonnengarten
- ⓭ Mondgarten

3
4
1
13
12
2
5
6
8
10
7
11
9

Die Historie

Aber wie begann alles? 1993 hatte mein Mann das Haus unweit des Kölner Stadtzentrums gebaut und bezogen. Der etwa fußballfeldgroße Garten war eine »gepflegte Brache« mit Rasen und wenigen Bäumen. Der renommierte holländische Gartenarchitekt Jörn Copijn hatte für meinen Mann einen Bürogarten geplant und sollte nun seinen Privatgarten gestalten. In dieser Phase lernten mein Mann und ich uns kennen: eine Fügung des Schicksals! Sofort begeisterte ihn mein Vorschlag, den Garten im englischen Stil anzulegen. Wir fuhren gemeinsam nach England, wo wir die schönsten Gärten besuchten: Sissinghurst, Great Dixter, Hidcote, Barnsley House und weniger berühmte. Die Vorstellung, einen formalen Garten, wie es so viele wunderschöne auf den Britischen Inseln gibt, in der Millionenstadt Köln zu verwirklichen, faszinierte uns. Als eine grüne, lebende Fortsetzung des klassischen Hauses würde der Garten unseren Lebensraum um »Freiluftzimmer« erweitern und in seiner streng formalen Gestaltung die Architektur des Hauses widerspiegeln.

Jörn Copijn nahm unseren Plan begeistert auf. Das enthusiastische Gartentrio traf sich fortan ein ganzes Jahr regelmäßig, um zunächst die große Linie des Gartens und danach jedes Detail festzulegen. Wir saßen immer an einem riesigen Tisch, auf dem sehr viele Gartenbücher mit gelben Merkzetteln, zahllose Fotos sowie Aufzeichnungen von meinen Gartenreisen ausgebreitet lagen. Jörn Copijn meinte, er sei noch nie mit einem so vollen Notizbuch zu Werke gegangen. Aber es ist gut zu wissen, was man möchte, bevor es an die Planung eines Gartens geht, ob mit oder ohne Gartenarchitekt. Nach der intensiven und langen Planung konnten wir uns den Garten schon genau vorstellen und spazierten im Geiste durch seine verschiedenen »Zimmer«. Als im Spätsommer 1994 der erste Spatenstich getan wurde, kam uns der Garten schon ganz vertraut vor. Der gesamte Garten wurde in neun Monaten gebaut und war im Frühjahr 1995 fertig angelegt. Generalstabsmäßig wurde am Haus begonnen und man arbeitete sich bis zum anderen Ende des Gartens vor. Nur so konnte gewährleistet werden, dass die großen Bäume eingebracht werden konnten, ohne bereits fertige Gartenteile zu beschädigen. Am Tag, als die Heerscharen von Gartenbauern abzogen und der Garten »fertig« war, sagte Jörn Copijn: »Nun haben wir drei alles Menschenmögliche getan. Wir werden uns wundern, wie viele Geschenke uns die Natur großherzig geben wird.« Heute ist der Garten ein echtes Paradies und oft denken wir an Jörns weise Worte.

Links: Nach langer Planungsphase wurde die Bepflanzung unseres Gartens »generalstabsmäßig« innerhalb von acht Monaten durchgeführt. Dabei begannen die Bauarbeiten vorne am Wohnhaus und wurden zum Ende des Grundstücks hin fortgesetzt, um bereits fertige Gartenareale nicht zu gefährden.

Ein Rundgang

Nun lade ich Sie zu einem kleinen Spaziergang durch unseren Garten ein. Dabei möchte ich von unseren Ideen erzählen, was daraus geworden ist, und über praktische Kniffe berichten, die einen Garten »englisch« wirken lassen. Mit dem Gartenplan (Seite 141) können Sie mir leicht folgen.

Knotengarten

Von der Terrasse aus schaut man auf den Knotengarten (1). Als Parterregarten liegt er etwas tiefer und kann von hier wie auch von den Fenstern des Hauses aus gut eingesehen werden. Meinen ersten Knotengarten habe ich vor über 25 Jahren im Garten von Barnsley House gesehen. Damals habe ich mir versprochen, sollte ich einmal einen eigenen Garten anlegen, so wird er ganz bestimmt ein Knotenbeet haben.

Unten: Der ausdrucksstarke Knotengarten ist die unverwechselbare »Erkennungsmelodie« meines Gartens. Seine Pflanzenbänder bestehen aus Buchsbaum *(Buxus sempervirens* 'Suffruticosa') und roter Berberitze *(Berberis thunbergii* 'Atropurpurea') und sind nach dem Vorbild eines alten englischen Musters »verwebt«.

Oben: Die große, schlichte Amphore steht auf einer Edelstahlsäule, die vom Brunnenboden bis kurz unter der Wasseroberfläche reicht, sie scheint so über dem Wasser des Brunnens zu schweben. Die Amphore hat einen barock anmutenden Wasserspeier ersetzt, strahlt jetzt angenehme Ruhe aus und zentriert in sich die Kräfte des Gartens.

Nun sind es sogar zwei geworden, die als Quadrate eine ausgewogene Symmetrie ermöglichen. Die Muster hatte Jörn Copijn in alten Gartenbüchern entdeckt. Da im holländischen Gartenteam niemand je einen Knoten angelegt hatte, fanden wir die Realisierung zunächst recht verzwickt. Aber wir haben die Aufgabe gemeistert und ich habe unsere Erfahrungen in meinem Buch »Knotengärten« aufgeschrieben. Dort finden Sie, liebe Leser, neben zahlreichen anregenden Abbildungen und Mustervorlagen eine kinderleichte Anleitung zum Anlegen eines eigenen Knotens! Für mich sind meine beiden Knoten eines der Lieblingsthemen unseres Gartens. Sie sind großartige Gartenkunst auf kleinem Raum. Unabhängig von Tages- und Jahreszeit sind die scheinbar zu einem lockeren Knoten verschlungenen Miniaturhecken mit ihren mystischen, historischen Mustern immer ein bezaubernder Anblick. Der große Gartengestalter Russell Page empfahl, man solle direkt am Haus einen formalen Gartenteil mit immergrünen Formschnittgehölzen anlegen. Einerseits um den schwierigen Übergang vom Haus zum Garten mit einer lebendigen Architektur harmonisch zu gestalten. Zum anderen schenken die wintergrünen, faszinierenden Strukturen auch in der tristen Jahreszeit stets einen erfreulichen Anblick. So schön ein buntes Sommerbeet aussieht, möchte man im Winter nicht ständig seine erdige Traurigkeit vom Haus aus betrachten müssen. Daher ist es ein guter Rat, sich in Hausnähe mit immer schönem Formschnitt zu umgeben, damit der Blick in den Garten jederzeit belohnt wird.

Brunnengarten

Die beiden Knotenparterres sind Teil des Brunnengartens ❷ dem zentralen Gartenraum. Mit hoher Buchenhecke eingefasst, erzeugt er im Sommer die Illusion eines Landsitzes mitten in der Stadt. Um Symmetrie zu erreichen, pflanzten wir eine zweite Atlaszeder *(Cedrus atlantica* 'Glauca'). Die riesige Zeder wog fast sechs Tonnen und ihre Pflanzung war ein Kraftakt. In einer waghalsigen Aktion wurde sie mit einem gewaltigen Kran über das Haus in den Garten gehievt. Aber es hat sich gelohnt! Beide Nadelbäume liefern einen wunderbaren Sichtschutz und betonen mit ihren silberblauen Nadeln

Oben: Der Terrakotta-Garten liegt nahe am Haus. Er darf heiter mediterran wirken, denn die Wurzeln des formalen englischen Gartens liegen in Italien. Dort ließen sich die Engländer schon in der Renaissance gerne inspirieren.

Unten: Das Purpur-Border des Terrakotta-Gartens hat seinen frühlingshaften Höhepunkt mit maigrüner Wolfsmilch. Schwarze Schwertlilien *(Iris barbata)* mit Namen 'Hello Darkness' und 'Old Black Magic' bringen englische Exzentrik ins Spiel.

besonders elegant das vertikale Element in diesem Gartenteil. In der Mitte des Koi-Karpfen-Beckens steht eine Metallsäule. Sie trägt eine Platte, die mit der Wasseroberfläche abschließt, und auf ihr ruht die schlichte Amphore. Sie scheint wunderbar die Gartenkräfte zu bündeln.

Terrakotta-Garten

Der eigentliche Gartenrundgang beginnt im Terrakotta-Garten ❸. Mit seiner Wandfarbe und der nach Süden exponierten Lage ist es ein sehr sonniger, warmer Gartenraum. Was macht so ein mediterraner Teil in einem englischen Garten? Nun,

die Wurzeln englischer Gärten liegen in Italien, wo sich in der Renaissance britische Bildungsreisende von den Palazzi und ihren formalen Gärten begeistern ließen. Daher ist der erste Garten des Rundgangs eine Erinnerung an die italienischen Ursprünge der formalen Gartenkunst in England. Außerdem darf man sich getrost in einem englischen Garten, wie im Mutterland, seine eigene Gartenphilosophie zurechtlegen! Die Beete haben als Purpur-Border ihren Höhepunkt im Frühling. Dann lässt die Wisterie als wahrer Blauregen den hohen Sichtschutz wie einen Wasserfall aussehen. Die vorhandenen weißen Wände wurden in Wischtechnik mit einer Terrakotta-Farbe auf »alt« getrimmt. Aus den angedeuteten Fensterrahmen der Treillagen schauen Tonköpfe, um die sich Rankpflanzen winden. Im Weg mit seinen drei Kreisen liegen unregelmäßige Natursteinplatten mit breiten Fugen, in denen sich kleine Pflänzchen tummeln dürfen. Manche habe ich gesetzt, andere hat der Wind uns über Flugsamen geschenkt. Ein plätscherndes »Grotto« aus rotem Tuffstein, mit wildem Wein und Efeu umrankt, zieht optisch und akustisch den Besucher zum Ende des Weges. Der ganze Terrakotta-Garten ruht auf einem Flachdach über Kellerräumen. Um die Menge an fruchtbarer Erde zu erhöhen, wurde 2006 aus alten Feldbrandsteinen links vom Weg eine kleine Mauer gebaut. Die Steine stammen aus einem Abriss und wirkten nach kurzer Zeit, als seien sie schon immer an Ort und Stelle gewesen. Die neue, reizvolle Höhenstaffelung der Pflanzebenen erlaubt vom Wohnzimmer aus einen Blick wie in ein Blumen-Amphitheater.

Duft- und Kräutergarten

Vom Terrakotta-Garten steigt der Besucher über eine Natursteintreppe in das Reich des Duft- und Kräutergartens ④ hinunter. Beide Themenbereiche sind aufgrund der Ähnlichkeit ihrer Pflanzen wie Geschwister in einem Gartenzimmer untergebracht. Mit einer Mauer und hohen Rotbuchenhecken als Rahmen ist ein echtes Raumgefühl entstanden. Im Sommer bilden die Hecken grüne Wände und wechseln im Winter mit den verbleibenden Herbstblättern ihr Gesicht in Kupferrot. Der ausgefallene Bodenbelag fällt sogleich ins Auge. In eine Zementschicht wurden Meereskiesel längs zur Laufrichtung verlegt und bescheren eine sinnliche Fußmassage. Kleine

Links: Über eine Treppe steigt der Besucher hinab in das Reich der Düfte und ist auf den schmalen, sich kreuzenden Wegen den Duftpflanzen ganz nah. Buchsbaumfiguren sorgen im sonst kahlen Winter für ein gutes Erscheinungsbild.

Rechts: Schwarzer Schlangenbart *(Ophiopogon planiscapus* 'Niger') bildet einen stillen, dunklen Vordergrund für zarte Schneeglöckchenbänder – apart wie ein »Kleines Schwarzes« mit einer weißen Perlenkette.

Kiesel wurden innen gesetzt und nach außen hin größere Steine, um einen Reptilienrücken zu imitieren. Diese besonders schöne Art der Pflasterung kennt man aus südlichen Ländern. In England findet sie in Grotten Verwendung, wie z. B. im Park von Stourhead. Ist man geschickt, kann man einen solchen Kieselboden selbst erstellen.
Ein geometrisches, identisches Wegesystem durchzieht Duft- und Kräutergarten und ergibt ein harmonisches Bodenmuster. Das enge Netz der Wege ist in diesem Garten sehr sinnvoll. Um Pflanzenduft zu genießen, muss man ihm nahe sein, seine Nase in die Blüten stecken, aromatische Blätter zupfen und sie verreiben, um die ätherischen Duftöle freizusetzen. In einem Kräutergarten sollten die Würzpflanzen auch zum Ernten leicht zugänglich sein. Unsere ausgefallenen Wege strukturieren im Sommer die Beete. Während ihrer Ruhephase hinterlassen viele der herrlichen Kräuter und Duftpflanzen jedoch nackten Boden. Doch dieser Gartenteil lässt dank seiner ausgefallenen, architektonischen Elemente auch im Winter nichts von seiner Schönheit vermissen. Zusammen mit den lustigen Buchsbaum-Formschnitten und dem außergewöhnlichen Wegebelag sind Duft- und Kräutergarten gerade dann äußerst reizvoll anzusehen. Im Juni sieht jeder Garten hübsch aus, aber ein Garten, der in den trüben Monaten Besitzer und Besucher in seinen Bann zieht, ist von hoher Gartenkunst. Es ist ein »Vivaldi-Garten«, der zu allen Jahreszeiten ein schönes Gesicht zeigt.

Schwarzer Garten

Das nächste Gartenzimmer ist der geheimnisvolle schwarze Garten ❺. In England sind seit Jahren Pflanzen mit schwarzen Blüten und Blättern en vogue. Warum nicht einmal diese Farbe dick auftragen? Dunkel ist es hier im Sommer durch das dichte Blätterdach der Bäume. Als der Garten 1994 angelegt wurde, haben wir sechs mächtige Linden mit schwerem Baufahrzeug in den Garten befördert. Spezialisierte Baumschulen bieten ein großes Spektrum an verschulten Großbäumen. Mit dem Pflanzen alter Bäume kann man sich für den Garten das Kostbarste im Leben kaufen: Zeit! Hätten wir Bäume in der Größe von Besenstielen gesetzt, könnten wir noch lange nicht das Raumgefühl einer natürlichen Kapelle erleben. Der zunächst gesäte und intensiv gepflegte Schattenrasen wollte nach einigen Jahren unter den hohen Bäumen nicht mehr wachsen. Wir erinnern uns: Die temperamentvolle irische Gartenlady Helen Dillon empfiehlt: »If you have doubt: out!« Also raus mit dem mühevollen Rasen.
Die große, mittige Fläche wurde mit schwarz gefärbten Holzspänen bedeckt. Auf beiden Seiten ziehen schwarze Stahlkanten messerscharfe Linien und trennen Mulch und Erde. Die beiden Pflanzbeete habe ich flächig mit schwarzem Schlangenbart *(Ophiopogon planiscapus* 'Niger', früher 'Nigrescens') dicht bestückt. Das ist ein Maiglöckchengewächs und wurde nicht wegen seiner unscheinbaren Blüten, sondern wegen seiner tintenschwarzen Blätter gewählt. Die immergrüne oder besser »immerschwarze« Ebene bildet zusammen mit dem schwarzen Holzspanmulch eine Art Teppichboden und gibt dem Raum eine große Ruhe und Kühle. Der schwarze Garten sieht das ganze Jahr hindurch gleichbleibend aus. Nur im

zeitigen Frühjahr erscheinen als kleines Highlight rechts und links vor der Hecke weiße Schneeglöckchenbänder. Dies erinnert an das berühmte »Kleine Schwarze« von Coco Chanel mit der klassischen weißen Perlenkette: très chic! Die durchaus mystische Aura des schwarzen Gartens untermalen eine schwarze Bank und vier Kerzenleuchter. Der Raum hat etwas von wohliger Gruseligkeit. Schwarze Messen werden hier jedoch nicht veranstaltet, wohl aber stimmungsvolle Abende an einem langen Tisch im Schein der 60 Kerzen.

Galeriegarten

Der Galeriegarten ❻ fungiert als kleiner Flur, weil er drei Durchgänge zu benachbarten Gartenräumen hat. Grundidee war, den Rahmen für eine Sammlung von Skulpturen zu schaffen. Langsam füllte sich der schmale, längliche Garten mit ersteigerten oder in Auftrag gegebenen Kunstwerken. Um den Ausstellungscharakter zu verstärken, wurden zwischen die Statuen Eibenkegel gesetzt. Besonders im Winter sind die grünen Formschnitte ausdrucksstarke Strukturen, in deren Nischen die Figuren wie auf einer Vernissage präsentiert werden. Der Galeriegarten verbindet den schwarzen und den weißen Garten. Ein typischer Aspekt von Gärten im englischen Stil sind die Kontraste: vom Dunkeln ins Helle, harte Strukturen neben weichen Pflanzen, strenge Formalität und heitere Bepflanzung. Die starken Gegensätze befruchten sich und intensivieren die jeweiligen Akzente erheblich in ihrer Wirkung.

Wie im Leben, so ist es auch im Garten. Nicht ein langweiliger »Einheitsbrei« ist erstrebenswert, sondern erst starke Kontraste machen Leben wie Garten interessant.

Weißer Garten

Der große weiße Garten ❼ ist ein formaler Garten par excellence und eine Hommage an sein berühmtes Vorbild in den Gärten von Sissinghurst. Mit diesem bekannten und meistbesuchten Garten Englands hat die Schriftstellerin Vita Sackville-West den weißen Garten »erfunden«. Sie erkannte, dass nur weiße Blüten bei nächtlichen Spaziergängen für das menschliche Auge wahrnehmbar sind. Auch an verhangenen Tagen leuchten weiße Blüten und silbrige Blätter im trüben Licht. Ein

Linke Seite: Der schwarze Garten mit seiner Fläche aus gefärbten Holzspänen wird von einem kapellenförmigen Blätterdach in tiefen Schatten getaucht. Vier Kandelaber, bestückt mit 60 Kerzen, schmücken diesen Raum, der etwas Meditatives, ja fast Sakrales hat.

Oben: Der schmale Galeriegarten fungiert als kleiner Ausstellungsraum für eine Sammlung antik aussehender Figuren, von der jede ein eigenes Kompartiment zwischen Eibenkegeln einnimmt.

Unten: Der dunkle Hintergrund der Eibenhecke lässt die Kerzen des weißen Fingerhuts erst richtig erstrahlen, als wären sie auf eine grüne Leinwand gemalt.

Oben: Der weiße Garten entfaltet unter einer Schneehaube seinen ganz besonderen Zauber. Jetzt kommt die Stärke eines formalen Gartens zum Tragen: ein Garten für alle Jahreszeiten.

Unten: Mein weißer Garten ist eine Hommage an sein berühmtes »Vorbild« in Sissinghurst. Auch die Rambler-Rose *R. mulliganii* (auch *R. longicuspis)* ist authentisch gewählt.

Rechte Seite: Die lange Eibenallee mit oben »aufliegenden« Kugeln ist das Rückgrat unseres Gartens, ein »Flur« von dem aus viele Gartenzimmer begehbar sind. Eine leichte Verjüngung zum fokalen Endpunkt verstärkt, ebenso wie der mittige schmale Weg, die Tiefenwirkung.

weißer Garten war mein Wunschtraum, und deshalb wurde er zum größten Gartenzimmer. Sein diskreter Charme, die subtile Eleganz und feinsinnige Schönheit sind immer ein intensives Gartenerlebnis. In unserem weißen Garten lassen sich viele strukturelle Elemente des formalen englischen Gartens bestens studieren. Ganz klassisch ist er an drei Seiten von einer exakt geschnittenen Eibenhecke begrenzt, die einen ruhigen Rahmen zu allen Jahreszeiten bildet. Diese dunkelgrünen Hecken wirken wie eine Leinwand, auf der sich mit den Pflanzen »malen« lässt. Weiß verschwimmt schnell mit dem hellen Himmel, aber vor dunklen Heckenwänden kommt die Farbe strahlend zur Geltung. Als farblich passende Ergänzung zu den Eibenhecken wurde die Außenmauer des weißen Gartens mit Efeu berankt. Dies ist ein gutes Beispiel für die pflegeleichte Variante einer grünen Gartenwand. Um an dieser Gartenseite zusätzlichen Sichtschutz zu ermöglichen, haben wir Spalierlinden gepflanzt. Deren Kronen beginnen oberhalb der Mauer und verlängern diese optisch beträchtlich.

Die Wege des weißen Gartens sind völlig symmetrisch gestaltet. Ein großes Wegekreuz bildet das Zentrum. Vom ringsum verlaufenden Weg gehen schmale Querverbindungen aus, die sich in der Mitte zu einem ornamental gepflasterten Quadrat weiten. So ist ein sehr formales Wegesystem entstanden, von dem aus die einzelnen Beete gut zu pflegen sind. Als Belag wurden alte Klinker gewählt, die, senkrecht verlegt, das spezielle Muster besonders gut erkennen lassen. Zwar muss dafür die doppelte Anzahl an Steinen aufgewendet werden, aber die Wege zeichnen sich neben ihrer kunstvollen Schönheit auch durch eine höhere Stabilität aus.

Ein besonders starkes vertikales Element sind die Buchsbaumhecken. An den Ecken der Beete stehen fast einen Meter hohe Quader und zwischen ihnen verlaufen am Wegrand niedrige Hecken. In England sagt man schmunzelnd, eine gute Gartenstruktur müsse wie das Korsett einer wohlproportionierten Dame sein: Es schnürt die Form an den richtigen Stellen und bringt die Üppigkeit fabelhaft zu Geltung. Die schlichten Hecken umfassen die bezaubernden Beete und rahmen die lebhafte Schönheit der Pflanzenkombinationen. Der Kontrast von filigranen und flächigen Blattformen wird durch die gleichmäßige Textur der strengen Buchsbaum-

hecken geschickt untermalt. An den breiten, mittigen Wegen wurden die Hecken ausgespart. Hier darf die überbordende Beetbepflanzung die scharfe Pflasterkante brechen und sich frei auf den Weg ausdehnen. Das attraktive Heckenensemble hat im Winter seinen ganz großen Auftritt. Haben sich die meisten Stauden zur Ruhe zurückgezogen, brillieren die klar gegliederten Hecken mit intensiver Formensprache. Der weiße Garten bleibt spannend, und wenn der in Köln seltene Schnee den Garten verhüllt, bezaubert er wie eine Märchenlandschaft.

Allee

Vom weißen Garten aus durchquert der Besucher die Allee ❽. Zwei hohe Eibenhecken verlaufen parallel zueinander und enden mit einem Halbrund. Hier steht als Blickfang die Sandsteinstatue des Heiligen Antonius. Sie stammt aus dem Elternhausgarten meines Mannes und fand restauriert eine neue Heimat bei uns in Köln. Der Boden besteht aus Rasen mit eingelassenem Pflasterweg. Diese praktische Befestigung dient als Verkehrsfläche für die Gärtner und ihre Geräte, wie z. B. Schubkarren, die sonst den Rasen ruinieren würden. Die Allee begann, wie oben beschrieben, als Kirschbaumallee, die leider entfernt werden musste. Um auf der Heckenkrone Eibenkugeln wachsen zu lassen, konstruierten wir aus Metallbändern eine passende Rundform, die mit Draht umspannt wurde. In gleichen Abständen wurden diese Kugeln auf einer Stange sitzend in der Hecke befestigt und boten sofort ein recht formales Bild. Dann ließen wir Eibentriebe in die Hohlform wachsen und trimmten die herauswachsenden Sprosse. Als genügend Zweige eine Kugelform bildeten, entfernten wir den Hilfsdraht. Nach wenigen Jahren ruhen jetzt Taxuskugeln oben auf der Hecke und bilden schon jetzt eine sehr ansehnliche Allee als gelungener Ersatz für die Kugelkirschen. Möchte man eine Allee oder einen »long walk« vor allem in kleineren Gärten optisch länger wirken lassen, so sollte sich der Abstand der beiden gegenüberstehenden Hecken zum Fokuspunkt hin leicht verringern. Dieser Trick wurde bereits in der Renaissance angewandt, in der die Perspektive entdeckt und erstmals im Garten eingesetzt wurde. Eine Heckenallee ist immer eine sehr starke Gartenstruktur, die eine ausgeprägte Zäsur schafft und dem Garten eine große visuelle Tiefe schenkt. In der mittigen Längsachse des Gartens übernimmt dieses Element die Funktion des Rückgrates, das ein Ensemble von Räumen ordnet, Zugänge schafft und eine wichtige Leitstruktur für den ganzen Garten darstellt.

Oben: In den bunten Bauerngarten ist ein original englisches »Greenhouse« eingebettet. Die vergnügte Mischung aus Nutzpflanzen und leuchtkräftigen Sommerblumen wird von Haselnuss-Flechtzäunchen im Zaum gehalten.

Bauerngarten

Der Besucher durchquert die Allee und erreicht den heiteren Bauerngarten 9), im Englischen gerne Cottage-Garten genannt. Das grüne Glashaus darin ist nicht nur hübsch anzuschauen, es ist ein äußerst nützliches wie beliebtes Gartengebäude. Als »Greenhouse« ist es ein Kalthaus, d. h. kein tropisch warmes Treibhaus, sondern es dient dem Überwintern von Kübelpflanzen und der Anzucht von Einjährigen. Das Glashaus stammt aus England, ist formschön und mit einer praktischen Ventilation sowie Frühbeeten ausgestattet. Innen befinden sich umlaufend Pflanztische von ca. einem Meter Höhe, mit einer dränierenden Kiesschicht. Eine Waschgelegenheit und ein kleiner Tisch mit Stühlen vermitteln den Charakter eines Wintergartens. Duftender Jasmin berankt das Glashaus von innen, das auch allerlei exotische Pflanzen, wie hängende Tillandsien, beherbergt. Der Boden ist mit alten Ziegelsteinen hübsch gepflastert. Im Winter ist hier tatsächlich Garten! Kamelien in Töpfen werden nach den ersten Nachfrösten hereingeholt (damit die Knospen nicht abfallen). Sie blühen den langen Winter über in herrlichen Farben und locken uns immer wieder, die Blütenpracht zu genießen. Unser Glashaus sollte keine sterile Brut- und Aufbewahrungsstätte sein, sondern attraktiver Lebens- und Arbeitsraum. Vor allem an ungemütlichen Regentagen schafft er eine stilvolle Atmosphäre. Aus dem Glashaus tritt man links in den eigentlichen Cottage-Garten. Er ist die romantische Erinnerung an den bäuerlichen Gemüsegarten auf dem elterlichen Gutshof. Dort wurden neben Essbarem auch immer bunte Sommerblumen für heitere Sträuße angezogen. Mein Bauerngarten in Köln ist mit gepflasterten Wegen in die typischen rechtwinkligen Beete aufgeteilt. Wie es in England der neue Trend ist, sind vier Beete mit Haselnussflechtwerk eingezäunt. Im Winter geben die natürlichen »hasel-hurdles« eine reizvolle Struktur, während sie im Sommer die dichte Bepflanzung wie ein Erntekorb zusammenhalten. Jedes Jahr entstehen in den Beeten neue, entzückende Kombinationen von attraktiven Gemüsesorten, z. B. roter Grünkohl 'Red Bor', roter Rosenkohl oder bläulicher Palmenkohl, eingebettet in eine kunterbunte Blumenschar. Besonders Zinnien *(Zinnia elegans)* und Jungfer im Grünen *(Nigella damascena)* erinnern mich an meine Kindheit auf dem Land, wie auch die Hortensien im Schutz der Eibenhecke.

Oben: Die nachträglich errichtete Ruinenwand kaschiert eine hässliche verputzte Mauer und gibt dem Rosengarten Klostergarten-atmosphäre. Ein chinesisches Schwalbenpferd galoppiert über die Blütenpracht und steuert etwas britische Exzentrik bei.

Rosengarten

Der Rosengarten ⑩ ist vom Cottage-Garten durch ein Rankgitter mit drei Eingängen abgeteilt. Rosen lieben luftige Standorte, daher gedeihen sie an Gittern besonders gut. Durch die »Rosenwand« weben sich zahlreiche Clematistriebe: ein klassisch schönes Paar. Rosen sind ein »must« im englischen Garten! Die Königin der Blumen hat in unserem Garten ihr eigenes Rosenzimmer. Die Beete sind in Segmenten angeordnet und ergeben gemeinsam eine stilisierte, aufgeblühte Rose. Wie ein Scherenschnitt scheint die geometrische Form aus den Rasenwegen geschnippelt. Exakte Ränder garantieren Metallkanten, die messerscharf Rasen und Beeterde trennen. Sie sind sehr empfehlenswert, weil kaum ein Gärtner Lust auf zeitraubendes Kantenstechen hat. Blüht die Rose gerade nicht, ist sie leider kein allzu schönes Gartengeschöpf. Ihre meist stakeligen Zweige tragen nicht immer die gewünschte Blättermenge und nach dem Rückschnitt bleiben zunächst nur unschöne Reiser zurück. Wir wünschten uns einen Rosengarten, der auch ohne Blütenpracht schön anzuschauen ist und von seiner ganzjährig, interessanten Struktur lebt. Die Rückwand des Einlegerhauses hatte zunächst einen weißen Putz mit Treillagen zum Leiten von Kletterrosen. Gefallen hat uns der Anblick nie. Eine unserer Gartenreisen nach England inspirierte uns, die Hauswand mit einer historisch aussehenden Mauer aus alten Feldbrandsteinen zu verkleiden. Um den Anblick der Ruinenwand authentisch zu gestalten, montierten die beiden Erbauer (ein Maurer und ein Bildhauer aus der Eifel) antike Zuganker und meißelten einige Steine, als hätte der Zahn der Zeit an ihnen genagt. Zwei Scheinfenster mit Umrandungen aus Bruchsteinen, verrosteten Fenstergittern und blinden Scheiben steigern den Eindruck, als sei es nun ein Gebäude aus längst vergangenen Zeiten. Nachts tauchen auf der Rückseite versteckte Niedervoltleuchten das Fenster in ein schummeriges Licht. Man fühlt sich an ein kleines Kirchlein erinnert. Zusammen mit der bestehenden alten Mauer wirkt der Garten idyllisch wie ein mittelalterlicher Klostergarten. Um dies gefühlsselige Flair zu verstärken, ließen wir das moderne Ziegeldach mit Blauregen, Clematis, Wildem Wein und natürlich wüchsigen Rambler-Rosen dicht beranken.

Oben: Im Juli gießt meine Lieblingskletterrose 'Minnehaha' großzügig ihren Blütenschwall über Rankgitter und eine alte Mauer.

Unten: Im Teich des Wassergartens spiegeln sich der Glockenturm des Rosengartens und die weiße Clematis auf einer Mauer – eine spannende Reflexion bei Tag und Nacht.

Ein Uhrenturm mit spitzem Dachkegel komplettiert beim Anblick das Gefühl, man sei mitten in einem niedlichen englischen Dorf. Akustisch wird diese wunderbare Illusion tagsüber untermalt, wenn der Klang einer eigens gegossenen Glocke zur vollen Stunde leise ertönt. Ein Rosengarten darf ruhig sehr romantisch sein! Lieblingsplatz ist die kleine Bank unter der Rosenlaube, von der man das temperamentvolle chinesische Bronzepferd über die Rosenpracht galoppieren sieht. Der herrliche Rosenduft verwöhnt die Sinne und Jane Austen lässt grüßen. Der idyllische Rosengarten strahlt eine Atmosphäre der Entspannung aus und ist pures Gartenglück.

Wassergarten

Der recht große Wassergarten ⓫ kam etwa drei Jahre nach dem Bau des Hauptgartens hinzu. Nach den formalen Gartenzimmern mit ihren definiert geometrischen Linien entstand der Wunsch nach einem mehr naturbezogenen Gartenteil. Hier sollte unsere »wilderness« (Wildnis) entstehen. Das vorhandene hässliche Betonschwimmbad verschwand und wandelte sich in einen Teich mit weichen, organischen Formen. Um eine Wassertiefe von bis zu drei Metern zu erreichen, wurden im Teich selbst Natursteinmauern errichtet und das Ganze geflutet. An den auslaufenden Teichrändern entstand ein Feuchtbiotop mit einer vielfältigen Sumpfbepflanzung. Auf einem Kiesweg kann der Besucher den Teich bequem umrunden oder ihn über Felsbrocken queren. Der Wassergarten hatte ringsum eine unschön verputzte Mauer. Befreit von der Zementschicht, kam fantastisches altes Mauerwerk ans Tageslicht, das dem Garten natürliche Patina schenkt. Zum anschließenden Sonnengarten weist der Wassergarten einen fast drei Meter hohen Geländesprung auf. Für den Rundgang war eine Treppe zu diesem Themengarten notwendig. Die zündende Idee für einen stilvollen Aufgang stammt wiederum aus England. Dort hatten wir einen Garten

Oben: Die Riesenblätter eines Mammutblattes *(Gunnera manicata)* und weiße Birkenstämme werfen ihr Abbild auf die Wasserfläche. Im feuchten Wassergarten gibt sich die Natur sehr opulent.

besucht, dessen Besitzer zahlreiche, täuschend echt aussehende »Ruinen« konstruiert hatte, die als wunderbar ästhetische Bauwerke zweckfrei waren und nur der Schönheit des Gartens dienten. In englischen Landschaftsgärten des 18. und 19. Jahrhunderts diente die Errichtung von künstlichen Ruinen der Huldigung antiker Stätten und sie entsprachen mit ihrer Romantik dem emotionalen Zeitgeist. Solche Staffagebauten waren stimmungssteigernde Elemente, die Gefühle der Erhabenheit und Melancholie erzeugten. Sie sollten an die Vergänglichkeit der Menschen und ihrer Werke erinnern. Wir waren begeistert von der Idee, ein solch gefühlsbetontes Bauwerk in unserem Wassergarten zu errichten. Zusammen mit Jörn Copijn entwarfen wir einen leicht verfallenen Wehrturm als Fortsetzung unserer »Ruinenbautätigkeit« im Rosengarten. Unter einer antiken Blaustein-Wendeltreppe plätschert umgepumptes Wasser. Der zum Garten hin offene Turm aus Bruchsteinen fungiert als Resonanzkörper. Der Klang des kleinen Wasserfalls wird über den Teich zur Lieblingsbank in einer Weidenlaube getragen und übertönt angenehm die Geräusche der Stadt. Abends finden die letzten Sonnenstrahlen ihren Weg zur Bank, der Glockenturm vom Rosengarten spiegelt sich malerisch auf der Wasserfläche, Vögel zwitschern oder es singt gar die Nachtigall: Die Illusion eines Landsitzes mitten in der Millionenstadt ist gelungen!

Sonnengarten

Über die Treppe im Turm mit seiner kleinen Aussichtsplattform wird der Sonnengarten ⓬ erreicht. Dieses Gartenzimmer ist das sonnigste von allen. Die hohen Rotbuchenhecken geben ein intimes Raumgefühl und der himmelblaue Gartenpavillon lädt gastfreundlich ein. Im März 2008 war der berühmte englische Gartenbuchautor Sir Roy Strong zu Besuch. In der Planungsphase unseres Gartens war er durch seine praxisnahen Bücher mein »Gartenguru«! Er fand

Oben: Knallbunter Frühlingsrausch im Sonnengarten: Nach einem langen Winter ist ein solch furioser Auftakt überaus gewünscht und erfreut das ausgehungerte Gärtnerherz, vorausgesetzt, es wurden im Herbst reichlich Tulpenzwiebeln ausgesucht und gesteckt.

Unten: Auch am Ende der Saison trumpft dieser Garten mit einem fulminanten Abschiedskonzert in kräftigen Farben auf. Die erste Geige spielt hier die rosa Spinnenblume.

unseren Garten »super and outstanding«, aber für den Sonnengarten verkündete er vehement Verbesserungen. Bisher hatte das Sonnenzimmer ein recht strenges, rechtwinkliges Layout. Sir Roy schlug vor, als Fortsetzung des Wassergartens sollten die Beete organisch geschwungen sein, und statt Klinker sollte Kies als Belag am Pavillon gewählt werden. Gesagt, getan! Nun ist der Garten weniger formal, sondern eher poetisch mit größeren Beetflächen für das »hot border«, die heiße Rabatte. Gute Ideen von kompetenten Besuchern sind immer herzlich willkommen!

Mondgarten

Oben: Am Abend taucht Kerzenlicht den romantischen Mondgarten in melancholische Stimmung. Wie ein Kristallspiegel reflektiert die glatte Wasseroberfläche des niedrigen, tiefschwarzen Beckens die märchenhafte Szene.

Durch einen Rosenbogen führt der Weg zum Mondgarten ⓭, dem letzten Themengarten des Rundgangs. Der kleine, nach vorn offene Gartenraum wird vom rechteckigen Spiegelbeet dominiert. Die Wasseroberfläche reflektiert das Abbild der Venus, die narzisstisch ihre eigene Erscheinung zu bestaunen scheint. Besonders in der Nacht ist es ein geheimnisvoller Ort. Der Vollmond oder die raffinierte Beleuchtung erhellen die Venus-Statue und ihr Abbild liegt einem wie auf einem Kristallspiegel zu Füßen. Es ist ein etwas wehmütiger Garten, weil er an den letzten Garten unseres Lebens, den Friedhof, erinnert. Im Garten wie im Menschenleben bedingen Leben und Tod einander und sind Formen des natürlichen Kreislaufs. Um das Leben auf der Erde zu genießen, ist es gut, manchmal innezuhalten und sich den Moment des Glücks bewusst zu machen. Der Garten ist ein idealer Meditationsraum, um den Sinn des Lebens zu ergründen und zu erkennen, dass wir nur Gast auf Erden sind. In einem Garten dürfen wir zumindest für einige Stunden Gast in einem irdischen Paradies sein. Wie schreibt der Englandkenner Peter Sager so treffend: »Aus dem Paradies wurden die Menschen vertrieben und auf der Suche danach hat der liebe Gott die englischen Gärten geschaffen.« Welch ein Glück!

Geheimtipps

Oben: Dieser Garten wurde auf der Chelsea Flower Show gezeigt. Er demonstriert, dass auch ein »Instant-Garten« charmant und authentisch wirken kann.

Links: Ein verrosteter Fensterrahmen, von Kletterrosen umschlungen, krönt ein scheinbar altes Gemäuer und erzeugt ein etwas verwunschenes Flair.

Really british

In diesem Kapitel erhalten Sie Tipps, wie Ihr Garten wirklich englisch wird. Diese Hinweise finden Sie sonst kaum oder gar nicht in Büchern, weil sie auf meinen persönlichen Erfahrungen beruhen. Ich habe in den vergangenen 15 Jahren sehr viel von meinem englischen Garten in Köln und auf Gartenreisen gelernt. Auch haben mir Gartenfreunde ihre wertvollen Tricks verraten. Gerne gebe ich diese ungewöhnlichen Hinweise, die in keinem Gartenlehrbuch stehen, an Sie weiter. Vieles ist praktisch, einiges ist pfiffig und manches ist mit Augenzwinkern und Humor zu nehmen. Wählen Sie aus und wenden Sie an, was Sie anspricht und Ihnen Spaß bereitet. Es wird das feine Make-up sein, das Ihren Garten zum echt englischen werden lässt.

Schnelle Erfolge und Kunst-Patina

Legt man einen Garten im englischen Stil an, fragt man sich, in wie vielen Jahren er wohl die Schönheit der Reife entwickeln wird. Natürlich ist ein Gärtner ein geduldiger Mensch und weiß, dass Pflanzen ihr eigenes Tempo haben. Aber gerade bei einem englischen Garten besteht der Wunsch nach einem gewachsenen Gartenparadies, das den Charme ausstrahlt, als würde es schon immer bestehen. Gerne gebe ich Ihnen einige Tipps und Kniffe, wie Ihr Garten etwas schneller seine gewünschte Gestalt entwickelt und seinen Charakter voll entfaltet. Schließlich möchten Sie Ihren Garten bald so genießen, wie Sie ihn erträumt haben!

Großpflanzen setzen

Für ein Grundstück in einem Neubaugebiet ohne alten Baumbestand kann man sich »Zeit kaufen«, indem ein bereits großer Baum oder gleich mehrere ausgewählt werden. Dank moderner Baumschultechnologie und guter Beförderungsmethoden können Bäume bis zu zwölf Meter Höhe und einem Stammumfang von über einem Meter in einen neuen Garten eingebracht werden. Da solche Bäume kostspielig sind, sollte man sie nur in einer renommierten Baumschule erwerben und von einem Spezialisten mit Anwachsgarantie pflanzen lassen. Durch relativ große Bäume entstanden in unserem Garten von Anfang an ein gutes Raumgefühl und klare Sichtachsen. Wie Kulissen kaschieren die Bäume die Nachbarhäuser und geben eine private Stimmung, ja sogar die Illusion eines Landsitzes mitten in der Stadt. Mir gefallen Linden besonders, weil sie unkompliziert und recht preisgünstig sind. Sie wachsen gut an, legen in wenigen Jahren beträchtlich zu, und wenn sie doch zu mächtig werden, können sie radikal gestutzt werden. Außerdem ist ihr frisches Maigrün bezaubernd und während der Lindenblüte summen Bienen ein munteres Konzert in ihrem Geäst.

Vorgezogene Hecken pflanzen

Hecken sind die grünen Wände des Gartens im englischen Stil und das Fundament des formalen Konzeptes. Sie sind das gestalterische Grundgerüst. Exakt geschnitten, vermitteln sie stets den Eindruck eines reifen Gartens. Perfektionisten mit gutem Budget erwerben eine fertige Hecke! Vollendete Hecken und große Bäume müssen in ihrer Anwachsphase kontinuierlich gewässert werden. Dafür bietet sich eine Tröpfchenbewässerung an, damit die Ballen nicht austrocknen.
Bei jungen Heckenpflanzen ist das Anwachsen problemlos und es entsteht nach etwa drei Jahren ein strukturiertes Bild. Wählt man eine gute Höhe für die Heckenpflanzen aus Buche und Eibe, so werden diese bereits nach einigen Jahren den Eindruck erwecken, sie seien schon immer im Garten gewesen. Es ist also eine Frage Ihres Etats. Insgesamt sehen Eibenhecken wegen ihrer dichten, dunklen Benadelung schneller formal aus als Laub abwerfende Heckenpflanzen. An den Heckendurchgängen sollte man auf beiden Seiten besonders große Exemplare setzen, damit in absehbarer Zeit der Bogen zusammenwächst.

Fertige Formschnittgehölze kaufen

Eine schnelle Lösung bieten Kasten- und Spalierlinden, die wie hoch aufgestielte Hecken fungieren. Sie lassen unerwünschte Anblicke wie ein Vorhang verschwinden und grenzen ein Gartenzimmer optisch auf leichte Art ein. Hat man im Garten keinen Platz für eine Allee, sind solche flachen Spalierbäume eine gute Lösung, um ausgeprägte Blickachsen zu gestalten. In kleinem Maßstab können Spalierobstbäume diese Funktion übernehmen.
Den Eindruck eines eingewachsenen Gartens erzielt man bestens durch das Pflanzen von fertigen Formschnittgehölzen. Eine gestaffelte Platzierung im Garten erzeugt sofort eine Tiefenwirkung und ein gutes Raumgefühl. Perfekte Buchsbaum- und Eibenfiguren gibt es in vielerlei Gestalt und in jeglicher

Oben: Das Steintor eröffnet den Blick auf ein ganzes Topiary-Sammelsurium, dessen wohlgeformte Figuren für Raumwirkung sorgen.

Unten: Die Wechselbepflanzung der Amphoren schafft saisonale Höhepunkte. Hier umarmt Wilder Wein in spektakulärer Herbstfärbung malerisch das Gefäß.

Rechte Seite: Unsere neueste »Ruinenbaustelle«: Alte Steine, offene Fugen und Bruchsteinwände um Fenster und Torbogen sind die Komponenten von romantischen Scheinbauwerken, die einem Garten historisches Flair bescheren.

Größe. Ob in Töpfen oder ausgepflanzt, grüne Skulpturen sind von einfachen Kugeln und Kegeln bis zu schmucken Spiralen und lustigen Tierformen ein »Instant-Blickpunkt«. Auch extravagante Hochstämme aus Lorbeer, Liguster und Zypresse garantieren eine sofortige Wirkung, benötigen aber im Winter einen frostfreien Raum.

Mit Efeu begrünen

Mein persönlicher Ritter für rasche Erfolge im englischen Garten ist Efeu. Er ist die schnellste und preisgünstigste »Waffe«, um einem Garten Patina zu geben. Mit einem Drahtgerüst lassen sich aus kleinblättrigen Sorten schöne Figuren ziehen. Efeu ist ein Meister im Überziehen, Verkleiden und Verstecken. Eine unschöne Mauer erhält durch ihn einen immergrünen Mantel. Eine kostensparende neue oder eine unschöne alte Außenmauer werden durch den gleichmäßigen Bewuchs mit Efeu zur grünen Wand und ihre formale Gestalt ist bei minimalem Pflegeaufwand garantiert. Dieser Effekt stellt sich besonders bei den Efeusorten mit dunkelgrün glänzenden Blättern ein. Kleinblättrige Sorten benötigen etwas mehr Zeit und sehen ebenmäßig aus, während große Blätter blitzschnell eine lebhaftere Oberfläche bilden, die sogar einen Maschendrahtzaun in eine grüne Wand verwandeln.
Besonders schätze ich den Kletterkönig Efeu zum »Romantifizieren« von jeglichem Mauerwerk, Putz und Stein. Ein Efeutrieb, der sich schlangenartig an einer Säule oder Statue emporzieht, gibt seinem Wirt die Würde des Alters. Wird es zu viel des Guten, reißt man den vitalen Ranker einfach ab. Dann hinterlässt er seine winzigen Saugnäpfe auf dem Untergrund, die auf jeden Fall die Fläche patinieren. Nur nicht zu viel Ordentlichkeit – britische Gelassenheit ist gefragt!

Mit Rankpflanzen Vorhänge weben

Ein weiterer Trick, um Romantik im Garten zu schaffen, sind Ranker. Ich liebe jede Art von Kletter- und Rankpflanzen! Sie überziehen gütig unschöne Gemäuer, schlingen sich sanft in andere Pflanzen und schenken einen zweiten Blütenflor. Wilder Wein *(Parthenocissus tricuspidata)* mit seiner sensationellen Herbstfärbung umhüllt und versteckt ganze Gebäude. Hängt dieser von einem Balkon herunter und weht im Wind, fühlt man sich wie hinter einer duftigen Gardine. Der sehr wüchsige Blauregen *(Wisteria sinensis)* überwindet ohne Mühe riesige Distanzen. In meinem Terrakotta-Garten ist er an Drähten gezogen ein guter Sichtschutz zur Straßenfront, der in Blüte einem blauen Wasserfall gleicht. Da der Blauregen ein kraftstrotzender Schlinger ist, muss er kräftig beschnitten werden, was wiederum die Blühfreudigkeit fördert. Vorsicht ist geboten, wo er sich unter Dachpfannen schieben kann.
Bäume und Pflanzen lassen sich ebenfalls schön beranken. Eine Clematis *(Clematis montana)* kann einen alten Baum als Gerüst für ihren Blütenteppich nutzen. Großblumige Sorten sind dagegen zurückhaltender und bilden mit Kletterrosen ein buntes Gewebe. Kletterrosen sind überhaupt der Klassiker und dürfen in keinem englischen Garten fehlen. Ob an Gerüsten, über Lauben oder an Zäunen, sie hüllen hartes Metall gefühlvoll ein. Am kurzen Laubengang zum Eingang in meinen Bauerngarten ranken in jedem Jahr Flaschenkürbisse, deren riesige Früchte vom Bogen herabbaumeln. So viel Mogeln ist nicht nur erlaubt, sondern sehr erwünscht. Ihren Ideen für muntere Klettermaxe sind keine Grenzen gesetzt!

Wände und Mauern alt aussehen lassen

Die harten Gartenelemente, Wege und Mauern, wirken neu gebaut oft wie Fremdkörper. Um den Anschluss vor allem bei einem älteren Haus zum Garten harmonisch zu gestalten, bringt gebrauchtes oder antikes Baumaterial von Anfang an Charakter in den Garten und schafft sanftere Übergänge. Vom ersten Tag an erwirbt man eine historische Atmosphäre. Gebrauchte Ziegel sowie Klinker oder Natursteinplatten lassen sich stilvoll zu Wegen und Mauern verarbeiten. Es gibt auch neue Produkte, wie handgeformte Ziegel, die mit ihrem rustikalen Aussehen und erdigen Farben ein reifes Flair erzeugen. Beim Bau einer antiken Scheinwand, ob aus Bruchsteinen oder Ziegel, sollten die Fugen immer offen sein. Dies erreicht man mit einem sehr sandigen, sparsam verwendeten Mörtel. Ein Tipp ist auch, die Fugen eventuell auszukratzen und ein paar Steine zu behauen, als hätte der »Zahn der Zeit« an ihnen genagt. In unserem Rosengarten haben wir die Rückwand des weiß geputzten Gebäudes mit einer vorgesetzten Mauer, aus alten Feldbrandsteinen und verrosteten

Links: In die dicken, efeuberankten Bruchsteinmauern unseres »Wehrturms« wurden Zuganker und sogar ein Eisenring eingebaut, falls ein edler Ritter dort sein Pferd anbinden möchte!

Rechts: Der jugendliche Pan erreichte unseren Garten bereits bemoost. Nach Regen sprießen grüne Pickel im Gesicht und die Moosblüte verleiht dem Haupt einen roten Schimmer.

Scheinfenstern, wie eine Ruine verkleidet. Die Fenster umranden echte Bruchsteinfassungen. Der einfache Eisenrahmen wurde nicht verzinkt und setzte in kurzer Zeit den erwünschten Rost an. Die Fensterscheiben wurden mit Schleifgeräten stark angeraut, um ein blindes Fenster zu erzeugen.
Die Verkleidung einer Wand mit Ziegeln oder Natursteinen im Ruinenflair ist aufwendig. Eine verputzte Mauer oder Wand lässt sich einfach und preisgünstig mit einem erdigen Farbanstrich in Wischtechnik verschönern. Wer künstlerisch begabt ist, kann Risse aufmalen. So entsteht ebenfalls der Eindruck eines älteren Bauwerkes.

Algen und Moos ansiedeln

Alte Statuen, Säulen und Brunnen bringen ein besonderes Flair in den Garten. Sie fügen sich wie selbstverständlich in die grüne Umgebung ein und setzen reizvolle Akzente. Solche historischen Gegenstände zu sammeln braucht allerdings Zeit und Einsatz. Per Internet lässt sich einfach (fast) alles auf der Welt finden, kaufen und ersteigern. Doch Vorsicht: Suchtpotenzial droht! Sind die gesuchten historischen Gartenelemente zu kostspielig, kann man Repliken neueren Datums erwerben. Zunächst sehen sie oft sehr »nackt« aus. Bestreicht man sie regelmäßig mit Buttermilch oder Joghurt, lockt die säuerliche Oberfläche schnell Algen und Mikroorganismen zur Besiedlung an. In Katalogen mit Steinrepliken werden Mittel zur Beschleunigung von Bewuchs angeboten. Damit stellt sich in Kürze die gewünschte Patina ein und die nagelneue Statue wird zur Antiquität. Moose, aus dem Wald heimgebracht oder von alten Mauern gezupft, entwickeln sich auf Figuren bei ausreichender Luftfeuchtigkeit. Da Moose Kalk scheuen, ist für ein eher saures Milieu zu sorgen. Schon nach ein paar Jahren erscheinen die bemoosten Gegenstände, als wären sie jahrhundertealt. Gartenmöbel aus Teak oder anderen Harthölzern sollte man nicht lackieren oder ölen, sondern sie durch Sonne und Regen anwittern lassen. Mit der Zeit erhalten die Möbel eine Treibholz-Oberfläche und mit dem silbrigen Farbton englische Würde.

Ein kleiner Trost im neuen Garten: Die Zeit verfliegt und lässt Ihre Vision vom reifen Garten schneller wahr werden, als Sie denken!

Mut zur Lücke

Die Fugen und Ritzen der Wege und die Spalten in Trockenmauern sind ideale Kleinsträume für Pflanzen, um diese harten Materialien sanfter und lebendiger wirken zu lassen. In England sind viele alte Gemäuer von kleinen Pflänzchen besiedelt. Die Natur hat das Bauwerk in seine grüne Hand genommen. Solche Nischenfüller übernehmen äußerst reizvoll die Aufgabe eines Weichzeichners. Es scheint nur ein kleiner Aspekt im Garten zu sein. Betrachtet man aber im Detail englische Gärten, so sind es die winzigen Lückenfüller, die Steinstrukturen Leichtigkeit und Charme verleihen – kleine Siege der Natur über unbelebte Materie. Der englische Gärtner lässt gerne seine kleinen grünen Helfer gewähren und unterstützt sie sogar in ihren Siedlungsbemühungen. Wir Deutschen haben es ja gerne »ordentlich«. So werden Fugen ausgekratzt oder gar mit giftigen Spritzmitteln attackiert, um alles sauber und unkrautfrei zu halten. Vielleicht ist es ja an machen Stellen viel schöner und umweltfreundlicher, sie zu begrünen, anstatt zu sterilisieren. Seien wir doch manchmal so entspannt und großzügig wie Gärtner auf den Britischen Inseln! Haben Sie Mut zur Lücke und lassen Sie in einer neuen Gartenanlage bewusst Raum zwischen den Platten und Steinen der Wege. In einem bestehenden Weg können Sie die Fugen verbreitern oder einige Steine herausnehmen, um Platz für hübsche Siedler zu schaffen. Geduldige warten, bis sich per Samenflug kleine Bewohner von alleine einfinden, und entscheiden, ob sie erwünscht sind oder nicht. An feuchteren Stellen entwickeln sich häufig von ganz allein feine Moospolster. Dies ist nicht nur besonders schön, sondern auch praktisch, weil dort kein Gras oder andere Unkräuter mehr Platz finden. Solche Standorte werden auch vom Brunnenlebermoos *(Marchantia polymorpha)* geschätzt, das mit seinen gerüschten Rändern die Rillen fein nachzeichnet.

KLEINE DUFTINSELN

Für Duftinseln spart man kleine Flächen im Pflaster aus und füllt sie 20 Zentimeter tief mit einem Erde-Sand-Gemisch auf. Hier können Thymian, Majoran oder Oregano kleine Duftkissen bilden.

Steingartenpflanzen ansiedeln

Möchte man eine schnellere Begrünung der Fugen, kann man nachhelfen. Steingartenpflanzen finden in sonnigen und trockenen Lücken ideale Bedingungen, auch weil das Pflaster die Konkurrenz mit anderen Pflanzen einschränkt. Einmal gut angewachsen, gedeihen sie meist ohne Pflege. Flach wachsende Steinbrecharten *(Saxifraga)* lieben steinige Standorte und sind wegen ihrer langen Pfahlwurzeln wahre Überlebenskünstler. Das Porzellanblümchen *(Saxifraga × urbium)* mit seinen hoch gestielten Blütchen schätzt die Sonne, während der Furchensteinbrech *(Saxifraga exarata* subsp. *moschata)* 'Cloth of Gold' schattige Ritzen wie ein Goldstreif erhellt. Robust ist das weiß blühende, äußerst frostharte Sandkraut *(Arenaria montana)*. Sonnenhungrig kriechen die Thymian-Arten *Thymus praecox* subsp. *polytrichus* oder *T. serpyllum* in die Wegritzen und setzen herrlichen Duft frei, wenn man sie betritt. Ebenfalls an sonnigen Stellen bietet sich eine Aussaat mit Fetthennesprossen *(Sedum)* an. Die Abstände zwischen den Wegplatten sollten drei bis acht Zentimeter sein. Die einzelnen Platten groß genug wählen, dass man bequem von einer zu anderen gehen kann. Die Fugen werden mit einem groben Splitt passender Farbe bis ca. zwei Zentimeter unter der Plattenoberfläche angefüllt. Niedrig wachsende Sedum-Saat (z. B. *Sedum acre* 'Aureum' oder *Sedum rupestre)* einfach ausstreuen und gedeihen lassen. Sehr attraktiv wirken auch Hauswurz-Sorten *(Sempervivum)*. Die kleinen Rosetten der Hauswurz füllen nach kurzer Zeit die Lücken auf male-

Oben: In den breiten, trockenen Fugen des Plattenwegs fühlen sich stattliche Königskerzen *(Verbascum densiflorum)* heimisch. Die schlichten Flächen vor einer Eibenburg und dem feinen Rasen werden durch das Strahlen der gelben Kerzenblüten erhellt.

Unten: Die breiten Lücken zwischen Porphyrplatten und Ziegelkreis wurden mit Splitt angefüllt. Hauswurz *(Sempervivum)* und Streifenfarn *(Asplenium trichomanes)* sind angesiedelt, Flugsamen bringt Überraschungsgäste.

Oben: Der Gelbe Lerchensporn *(Corydalis lutea)* erobert die kleinsten Winkel sogar in luftiger Höhe. Einmal in den Garten gepflanzt, sorgt er mit großer Vitalität immer wieder für Überraschungen in unterschiedlichen Ecken und Winkeln.

Unten: Einen knackigen Frühstart legen knallige Tulpen an diesem ungewöhnlichen Ort hin. Im Herbst bedacht (gesteckt), wird im Frühjahr gelacht!

rische Weise aus. Sonnige Plätzchen in Mulden auf Mauerpfeilern mit etwas Erde befüllen, das genügt der guten, alten Hauswurz, um zum bizarren Kissen aus unzähligen Röschen heranzureifen. Ein besonders attraktives Sonnenkind ist das Spanische Gänseblümchen *(Erigeron karvinsianus)* 'Blütenmeer'. Es blüht unermüdlich den ganzen Sommer lang, ist zwar nicht ganz frostfest, sät sich in Mauerritzen jedoch immer wieder munter aus. In Gartentreppen sehen die duftigen Blütenwolken wie Schaumkrönchen aus. Gertrude Jekyll bepflanzte gerne Stufen aus groben Steinen mit Gelbem Lerchensporn *(Pseudofumaria lutea*, früher *Corydalis lutea)*, dessen reiche Nachkommenschaft für einen frischen Anblick sorgt. Seitlich von Treppen und auf Mauerkronen ließ sie rot blühenden Baldrian *(Valeriana)* sprießen, wie man es auch heute in England häufig sehen kann.
Lässt man in Mauern aus alten Feldbrandsteinen oder in Trockenmauern aus Naturstein genügend große Fugen, werden diese zur Heimat verschiedener Nischenbewohner. Das Zimbelkraut *(Cymbalaria muralis)* ist an jeder Burgruine beheimatet. Ein kleiner Ableger der zierlichen Pflanze, auf einem alten Gemäuer entdeckt und mitgenommen, verleiht der eigenen Mauer, mit seinen bis zu 60 Zentimeter langen Hängetrieben, schnell die gewünschte Patina. Das zarte Kraut gibt es häufig mit blauen Blüten. Aus England habe ich eine weiß blühende Variante von einer Straßenmauer mitgebracht. Beide Kräutchen sind robust und völlig anspruchslos. Für größere Mauerschlitze oder Mauerkronen an schattigen Orten eignet sich der kleine Streifenfarn *(Asplenium trichomanes)*, der sich gerne aussäht. Kleinblättriger Efeu, in Grün oder panaschiert, ist ein Klassiker unter den Mauerbewohnern.

Zwiebelblumen stecken

Wege, die nicht dauernd benutzt werden, können Sie mit Zwiebelpflanzen als blumiges Intermezzo kurzzeitig in Szene

Oben: Kleine Zierlauchzwiebeln, in die Fugen gesetzt, erfreuen im Mai mit lila Kügelchen auf schwankenden Antennenstängeln.

setzen. Dafür müssen die Fugen breit genug sein, um die Zwiebeln aufzunehmen. Elfenkrokusse *(Crocus tommasinianus)* sind etwas für schmale Spalten und sähen sich gerne aus. Ihr zartes Blattwerk stört auch nicht beim Betreten des Weges. Blaustern *(Scilla)* ist äußerst genügsam und vermehrt sich ebenfalls gut. Kleine Tulpen *(Tulipa)* oder Zierlauch *(Allium)* haben während ihrer Blüte einen starken Auftritt, der sich als ungewöhnliches Ereignis in der Erinnerung verankert.

Die Zwiebeln sollten nach der Blüte entfernt werden, denn ein Abwelken am Ort dauert zu lange. Es lohnt sich, die *Allium*-Zwiebeln sofort an anderer Stelle einzupflanzen, während das bei den meisten Tulpen vergebene Müh ist.
In meinem Bauerngarten habe ich entlang der Mauer, in den winzigen Erdstreifen zum Pflaster, kleine Narzissen *(Narcissus)* gesetzt. Die munteren Glöckchen erscheinen treu in jedem Jahr aufs Neue. An der gleichen Stelle haben sich Akeleien *(Aquilegia)* versäht, die immer wieder in der erdigen Furche ein Plätzchen für sich finden.
Die Liste von Lückenlieblingen und Fugenfüllern ist unendlich. Ob man Samen ausstreut, kleine Pflänzchen einkauft oder Vorhandenes umsiedelt, es kostet nicht viel und die Freude an den vitalen Überlebenskünstlern ist groß. Dies ist Gartenglück im ganz Kleinen!

Englischer Humor und Exzentrik

Der Exzentriker scheint hauptsächlich Brite zu sein. Im angelsächsischen Raum genießen fantasievolle Individualisten entsprechende Freiräume und ihre extravagante Kreativität nimmt man mit britischem Humor. Narrenfreiheit und Selbstironie finden auch ihren Weg in den Garten. Vom schelmischen Sinn für Lustiges bis zum schwarzen Humor reicht die Palette. Exzentrik im Garten ist immer originell und liebenswert.

Follies

Klassischer Ausdruck englischer Exzentrik im Garten ist das Folly. Dies ist eine architektonische Konstruktion, die als reiner Zierbau nutzlos, aber in seiner pittoresken Verrücktheit Gärten und Parks bereichert. Schon im 17. Jahrhundert war mancher englische Bildungsreisende von antiken Stätten so beeindruckt, dass er in seinem heimatlichen Park Attrappen von Tempeln und Ruinen errichten ließ. Es entstanden Parks von der Schönheit elysischer Felder. Bei einem Spaziergang in den Landschaftsgärten Stourhead oder Stowe verschieben sich mit jedem Schritt die Blickachsen auf die malerischen Follies wie Theaterkulissen. Warum nicht etwas britischen Humor für Ihren Garten! Es muss ja nicht gleich ein ganzer Tempel sein. Ein kleines Folly ist ein zauberhafter Blickfang und verleiht dem Garten einen einmaligen Touch. Die Konstruktion kann

Oben: Fertiges Baumaterial für bezaubernde Follies gibt es natürlich in England. Werden Sie Architekt Ihrer mittelalterlichen Miniruine, der Fantasie sind keine Grenzen gesetzt.

Unten: Wo ist der Fuchs? Seit Jahrzehnten jagt der Hund von Knightshayes Garden in Devon unbeirrt über die Hecke, die Beute fest im Visier. Das ist reinster englischer Humor.

sich auf eine Fassade beschränken oder ein kleines Gebäude sein. Bei Händlern für altes Baumaterial finden sich herrliche Schätze aus vergangenen Tagen. In England und Frankreich kann man auf Auktionen mit etwas Glück wunderbare Artefakte ersteigern. Mit viel Fantasie und etwas Geschick lassen sich daraus kleine Bauwerke errichten, die den Witz und Charme der guten alten Zeit in ihren frisch gestalteten Garten bringen. Als unser Garten fertig angelegt war, wollte ich auch gerne ein Folly haben. Wir haben eine Miniaturvilla à la Palladio von einem Modellbauer fertigen lassen und sie in den Garten gestellt. Allerdings ist unsere Dogge Tessa dort eingezogen.

Oben: Eine Vogelvilla im schwarzen Chapeau Claque.

Unten: Unser Zweithund buddelt und buddelt und buddelt ...

Topiary zwischen Kunst und Kitsch

Formschnittgehölze sind die ideale Modelliermasse für Gartenexzentriker. Geduldig lassen sie sich – stets auf einer Gratwanderung zwischen Kunst und Kitsch – beschnippeln. Ob Sie es schön oder schrecklich finden, liegt ganz an Ihrer persönlichen Toleranz schräger Scherze. Humor ist, wenn man trotzdem lacht.

Trendfarbe Schwarz

Black is beautiful (Schwarz ist schön) – und es ist sicher die ungewöhnlichste und erstaunlichste Farbe im Garten: mysteriös, bezaubernd, verführerisch und stets voller Magie. In England sind Pflanzen mit schwarzen Blüten oder Blättern ein etablierter Trend und ein »must« moderner Gartenkreationen. Trauerblumen? Unsinn, die sind doch weiß! Schwarze Iris heißen verlockend 'Midnight Madonna' oder 'Hello Darkness' und sind von vornehmer Schönheit. Die edlen Blüten scheinen aus Samt und Seide geschneidert und bescheren dem Garten subtilen Luxus. Dunkelblättrige Purpurglöckchen *(Heuchera)* gibt es in unzähligen Zuchtkapriolen. *Heuchera* 'Velvet Night' oder 'Purple Petticoat' haben tief violette Blätter, mit apartem, metallisch glänzendem Netzwerk überzogen, und bringen modische Eleganz in jedes Beet. Königin der schwarzen Pflanzen ist der Schwarze Schlangenbart *(Ophiopogon planiscapus* 'Niger', früher 'Nigrescens'), dessen riemenförmige Blätter wie in Tinte getaucht wirken. Dieses schwarze Gras habe ich gleich massenhaft in meinen »Schwarzen Garten« gepflanzt. Zusammen mit einer Fläche schwarz gefärbten Holzmulches entstand ein Gartenraum von fast sakraler, mystischer Atmosphäre. Kerzenkandelaber, eine schwarze Bank und ein schwarzer Zylinder als Vogelhäuschen sind die weiteren Zutaten für ein wenig Harry Potter in Köln!

Adressen, die Ihnen weiterhelfen

Staudengärtnereien und Pflanzenversand

Arends Maubach
Monschaustr. 76
42369 Wuppertal/Ronsdorf
www.anja-maubach.de

Gräfin von Zeppelin
79295 Sulzburg-Laufen
www.staudengaertnerei.com

Staudengärtnerei Gaißmayer
Jungviehweide 3
89257 Illertissen
www.gaissmayer.de

Rosenschulen

Kordes Rosen
Rosenstr. 54
25365 Klein Offenseth-Sparrieshoop
www.kordes-rosen.de

Rosen Tantau
Tornescher Weg 13
25436 Uetersen
www.rosen-tantau.com

Rosenhof Schultheis
Bad Nauheimer Str. 3–7
61231 Bad Nauheim
www.rosenhof-schultheis.de
(Schwerpunkt: Alte Rosen und Rambler)

Landhaus Ettenbühl
Hof Ettenbühl
79415 Bad Bellingen Hertingen
www.landhaus-ettenbuehl.de

Baumschulen und Formschnittgehölze

Lorenz von Ehren
Maldfeldstr. 4
21077 Hamburg
www.lve-baumschule.de

Bruns Pflanzen-Export GmbH
Johann-Bruns-Allee 1
26160 Bad Zwischenahn
www.bruns.de

Lappen
Herrenpfad 14
41334 Nettetal-Kaldenkrichen
www.lappen.de

Andreas Huben
Schriesheimer Fußweg 7
68526 Ladenburg
www.huben.de

Spindelrasenmäher

Firma Atco (England)
Händlernachweis über
Motorland-Oldenburg
Dietrichsweg 64
26127 Oldenburg
www.motorland.net oder
www.spindelrasenmaeher.de

Natursteine

Deutscher Naturwerkstein Verband e.V.
Sanderstr. 4
97070 Würzburg
www.natursteinverband.de
(vermittelt Adressen von Firmen vor Ort)

Historische Baustoffe

Unternehmerverband Historische Baustoffe e.V.
Dreihäusle 3
78112 St. Georgen
www.historische-baustoffe.de
(Hier sind bundesweit alle Firmen aufgeführt.)

Historische Bauelemente
Olaf Elias
Bärenklauer Weg 2
16727 Marwitz
www.historische-bauelemente.com

Gartenmöbel

ExclusivGarten G. und C. Klumb
Langestraße 14
79348 Freiamt
www.exclusivgarten.de
(auch Gartenhäuser, Rankhilfen)

Lauben

www.unopiu.com
(Rankgitter, Pavillons)

Treillagen, Rank- und Wandgitter

Classic Garden Elements
Im Larsbachtal 29
65719 Hofheim
www.classic-garden-elements.de
(auch Gazebos, Zäune, Laubengänge und Bögen)

The Garden Trellis Company Ltd
www.gardentrellis.co.uk
(auch Obelisken, Gazebos und Lauben)

Glashäuser und Gazebos

Das Glashaus
An der Eilshorst 15
22927 Grosshansdorf
www.das-glashaus.de

Alitex Deutschland KG
Adalbert-Stifter-Str. 11
65375 Oestrich-Winkel
www.alitex.de

Scotts of Thrapston Ltd.
Bridge Street Thrapston
Northamptonshire NN14 4LR
England, U.K.
www.scottsofthrapston.co.uk
(wunderschöne Gartenhäuschen und Gazebos aus Holz)

Garden Affairs
www.gardenaffairs.co.uk
(umfassendes Angebot an Gartengebäuden)

Wohnkultur & Lebensart
Dillenburger Str. 49
35685 Dillenburg
www.wohnkultur-kultur-lebensart.com

Bauelemente für Ruinen

Redwood Stone
www.redwoodstone.com
(authentisch wirkendes Baumaterial für Ruinen)
Bezug über:
Galleria Home & Garden
Gut Bernstorf
85402 Kranzberg
www.galleria.biz

Woodsteel GmbH
Ohlstedter Str. 17
22949 Ammersbek
www.woodsteel.de
(komplette Ruinen, auch Gartenmöbel, Treillagen, Wandgitter, Rankgerüste etc.)

Historische oder neue Statuen und Gartenornamente

Renate Weber
Liszthof 10
49076 Osnabrück
www.weber-garten-architektur.de
(auch Bauelemente, Brunnen, Gartenmöbel, Obelisken, Vogeltränken, Bleikübel)

Architectural Heritage
Taddington, Gloucestershire
GL54 5RY, England, U.K.
www.architectural-heritage.co.uk
(Antiquitäten und Reproduktionen, Sonnenuhren, Brunnen)

English Garden Antiques
www.english-garden-antiques.co.uk
(Gartenantiquitäten)

Brunnen, Säulen & Co.

Bodo Peters
Biergasse 18
53498 Bad Breisig
www.bodopeters.com
(auch Baumaterial)

Casa Verde
Franckensteinstr. 1
77749 Hohberg-Hofweiser
www.casaverde-eventhaus.de
(auch Mauerwerk)

Bleiornamente
www.hcrowther.co.uk
www.stilvolle-gartenskulpturen.de

Gefäße und andere Dekorationsobjekte

Authentisch wirkende Terrakotta- und Bleigefäße aus Kunststoff
Capital Garden Products
über www.exclusivgarten.de oder
www.capital-garden.com

Sonnenuhren

www.stilvolle-gartenskulpturen.de

Staddlestones-Mäusepfeiler

Jardinique
www.jardinique.co.uk
(auch Urnen, Figuren, Gusseisenbänke)

English Garden Antiques
www.english-garden-antiques.co.uk
(auch Brunnen, Säulen, Sonnenuhren etc.)

Zaunanlagen

Zaunmanufaktur GmbH & Co.KG
Dränkweg 2
26160 Bad Zwischenahn
www.zaunmanufaktur.de

Weidenzäune

www.weidenprofi.de
www.feliwa.de

Taubenhäuser

www.taubenhaus.com
www.dovecotes.co.uk

Stahlkanten für Rasen

Gartenbedarf Richard Ward
Günztalstr. 22
87733 Markt Rettenbach
www.gartenbedarf-versand.de

Englische Gartenschulen

Königliche Gartenakademie
Altensteinstr. 15a
14195 Berlin
www.koenigliche-gartenakademie.de

Anja Maubach
Monschaustr. 76
42369 Wuppertal/Ronsdorf
www.anja-maubach.de

Landhaus Ettenbühl
Hof Ettenbühl
79415 Bad Bellingen-Hertingen
www.landhaus-ettenbuehl.de

The English Gardening School

66 Royal Hospital Rd,
London SW3 4HS, UK
www.englishgardeningschool.co.uk

Mein Rat:
Unter www.ebay.de oder
www.ebay.com
kann man fast alles überall auf der Welt ersteigern!

Literaturverzeichnis

Alexander, Rosemary; Sneesby, Richard: Gartengestaltung, Christian Verlag, 2006

Attlee, Helena; Ramsay, Alex; Fricke, Birgit: Gartenlust. Traditionelle und moderne Gärten in Großbritannien, Gerstenberg Verlag, 2011

Bauch-Troschke, Zita: Begrünte Wände, Lauben und Pergolen, Callwey, 1998

Bauer, Ute: Alte Rosen, BLV, 2005

Beth,Chatto; Garrett, Fergus; Kuhk, Angela: Beth Chatto – Ein Leben für den Garten, Christian Verlag, 2012

Bisgrove, Richard: Die Gärten der Gertrude Jekyll, Ulmer, 2008

Blancke, Rolf: Kunstwerke in Grün, Ulmer, 1996

Borowski, Elke: Landhaus-Gärten. Gestaltung – Bepflanzung – Reportagen, BLV, 2013

Breckwoldt, Michael: Cottage Gärten, BLV, 2008

Buchan, Ursula: Englische Gartenkunst, DVA, 2007

Harland, Gail; Voss, Jens-Uwe: Cottage Gärten. Ratgeber Cottage Garten, Christian Verlag, 2013

Hellendahl, Werner: Formschnitt Schritt für Schritt, BLV, 2011

Hendy, Jenny: Buchs & Co. Formschnitt im Garten, Christian Verlag, 2012

Hendy, Jenny: Immergrün in Form gebracht, Christian Verlag, 2005

Herling, Reiner: Klassische englische Gärten des 20. Jahrhunderts, Ulmer, 1994

Hobhouse, Penelope: Garden Style, Frances Lincoln, 1988

Hobson, Jake; Arlinghaus, Claudia: Schnittkunst im Garten. Gehölze fantasievoll formen, Ulmer, 2013

Howarth, Maggy: Kieselstein-Mosaik. Schöne Böden für Wege und Lieblingsplätze im Garten selbst gestalten, Ökobuch, 2007

Howcroft, Heidi: Englische Gartenikonen. Die Schöpferinnen des englischen Gartenstils und ihre Gärten, Callwey, 2014

Howcroft, Heidi: Gartenperspektiven, DVA, 2004

Howcroft, Heidi: Das Pflaster im Garten, München, 1996

King, Peter; Lambert, Katherine: The Good Gardens Guide Frances Lincoln: Führer zu über 1000 Gärten auf den Britischen Inseln, erscheint in jedem Jahr neu.

Lagueyrie-Kraps; Klecka, Virginie; Arlinghaus, Claudia: Alte Rosen für Gärten von heute, Delius Klasing, 2012

Lammerting, Kristin: Ein englischer Garten in Köln, DuMont, 2002

Lammerting, Kristin: Knotengärten, BLV, 2009

Lammerting, Kristin: Ein Garten voller Fanatasie. Stilvoll, einladend, romantisch, DVA, 2012 (Der englische Garten der Autorin in Köln)

Lammerting, Kristin: Eleganz im Beet. Pflanzen in Silber, Gold und Schwarz, BLV, 2011

Lennox-Boyd, Arabella: Garten Design, Delius Klasing, 2004

Lintelmann, Reinhard: Englische Gärten. Gartenträume, NGV Verlag, 2009

Lloyd, Christopher: Traumbeete durchs ganze Jahr, Ulmer, 2009

Lloyd, Christopher: Faszination Farbe im Garten, Callwey, 2002

Lord, Tony: Sissinghurst. Der schönste Garten Englands, DuMont, 2002

Mader, Günther; Neubert-Mader, Laila: Britische Gartenkunst. Ein Führer zu ungewöhnlichen Orten, DVA, 2009

Maynard, Arne: Garden Design Details, Conran, Octopus, 2004

Musgrave, Toby: Bauerngärten – Cottage Gärten, Christian Verlag, 2010

Niemeyer, Wolfgang: Geschnittene Gartenkunst, Callwey, 1996

Ott, Eva: Bauen mit Stein und Holz. Wege, Sitzplätze, Treppen, Mauern, Sichtschutz, Rankgerüste, BLV, 2008

Platt, Karen: Black Magic & Purple Passion, Karen Platt, 2003

Plumptre, George; SKH Prinz Charles: Eine Reise durch Englands Gartenschätze, Callwey, 2013

Reed, David: Gartengestaltung mit Naturstein, Mauern, Wasserläufe und Terrassen. Bauen ohne Mörtel, Callwey, 2011

Richardson, Tim; Lawson, Andrew; Franz, Angelika: Die neuen englischen Gärten. Eine Entdeckung, DVA, 2013

Richardson, Tim: English Gardens in the 20th Century, Aurum Press, 2005

Rose, Graham: Gärten im englischen Stil, Christian Verlag, 1990

Sackville-West, Harold Nicolson; Lange, Susanne: Sissinghurst. Portrait eines Gartens, Insel Verlag, 2006

Strassel, Jürgen: Englische Gärten des 20. Jahrhunderts, DuMont, 1991

Strong, Roy: Zauberhafte kleine Gärten nach historischen Vorbildern liebevoll gestaltet, DuMont, 1993

Strong, Roy: Architektonische Gärten und Gartenteile, Ulmer, 1992

Stuart-Smith, Tom: The Barn Garden. Making a Place, Serge Hill Books, 2011

Taylor, Patrick: Englische Gärten. Parks, Landschaftsgärten und Cottage Gardens in Großbritannien und Irland, Dorling Kindersley, 2005

Titchmarsh, Alan: Gartenstile & Gestaltung. Individuelle Themengärten von Cottage- bis zum Rosengarten, Dorling Kindersley, 2014

Urban, Hela: Ein weißer Garten. Harmonie und Vielfalt, Ulmer, 2006

Van der Horst, Arend Jan: Art of the Formal Garden, Seven Dials, 2000

Verey, Rosemary: Garden Plans, Francis Lincoln, 2001

Waechter, Dorothée: Formschnitt, BLV, 2005

Wengel, Tassilo: Mauer, Zaun und Rosenhecke. Schöner Sichtschutz für Garten und Terrasse, Christian Verlag, 2010

Vergriffene Bücher findet man u. a. bei www.zvab.de

Mader, Günther; Neubert-Mader, Laila: Der architektonische Garten in England, DVA, 1992

Page, Russell: Ich schuf Gärten in aller Welt, DuMont, 1992. (Ein Gartenbuch ohne Bilder, aber mit großartigen Texten: Meine Garten-Bibel!)

Strong, Roy: Räume gestalten im Garten. Ideen für kleine Paradiese. DuMont, 1994

Stichwortverzeichnis

Seitenzahlen mit * verweisen auf Abbildungen

DANKESCHÖN

Mein ganz herzlicher Dank gilt den Gartenbesitzern, die englische Gartenkunst lieben und leben. Ebenso danke ich dem National Trust von England, der uns Meilensteine der Gartenkunst erhält und zugänglich macht. Die Abbildungen dokumentieren die große Leidenschaft für die hohe Schule des Gärtnerns, die von Gärtnern unabhängig von der eigenen Gartengröße mit Passion, Kenntnis und großer Gartenliebe verwirklicht wurde. Ich freue mich, meine Leidenschaft für Gärten im englischen Stil mit wunderbaren Menschen in vielen Ländern teilen zu dürfen, und rufe ihnen zu: »Keep on english gardening!« Bei meiner Lektorin Rita Meixner möchte ich mich herzlichst für die harmonische und immer konstruktive Zusammenarbeit bedanken. Es war ein Vergnügen!

Die Bilder stammen aus folgenden Gärten:

Privatgärten (alle Gärten sind öffentlich zugänglich):
Abbey House Garden, England: 50, 60, 64u, 73u, 86o, 162
Gärten von Appeltern, Holland: 125u, 127u
Ayrlies Garden, Neuseeland: 123ol
Barnsley House, England: 53, 136o
Belmont, England: 59, 100o
Bourton House, England: 33u, 57o
Broomfield, Neuseeland: 72u
Cerney House Gardens, England: 79u, 87o
Eastleach House, England: 123u
Gravetye Manor, England: 14
Jos van Groeningen, www.museumdebuitenplaats.nl : 32, 34u, 44, 59u, 112u, 125o
Groombridge Place: 22, 127or
Iford Manor: 20/21, 35o
Kasteel Warmelo, Holland: 112o
Kasteel Wijlre, Holland: 42o, 43u, 126o
Kiftsgate Court: 27, 92
Adelheid Klinke, Deutschland: 113o
Merriments Garden, England: 86u, 124u
Oehndorf Garten, Deutschland: 34o, 135u
Ohinetahi, Neuseeland: 25u, 41ul, 74o
Pashely Manor Garden: 83
Richmond Garden, Neuseeland: 70
Sudeley Castle and Gardens: 95o
Trott's Garden, Neuseeland: 45o, 100u
Upton Oaks, Neuseeland: 91u, 100o
West Green House, England: 114o

National Trust und andere Organisationen in England:
Avebury Manor: 29, 167o
Bowood House: 12
Chelsea Flower Show: 19, 31u, 93, 97u, 99, 101u, 104o, 109, 113u, 129, 131, 160, 169o
Great Chalfield: 166o
Great Dixter: 15, 75u, 104u, 105u
Hestercombe Gardens: 53, 107u
Hever Castle and Gardens: 46u, 55, 75o
Hidcote Manor Gardens: 8/9, 16, 32o, 34u, 96
Knightshayes: 169u
Painswick Rococogarden, England: 117o, 120
Sissinghurst Castle Gardens: 17, 18, 24, 79o
Stourhead: 10
Wilton House: 11

Alle weiteren Fotos stammen aus dem englischen Garten der Autorin in Köln.

Bildnachweis:

Alle Fotos von Kristin Lammerting, außer:

Borkowski: 38, 51, 58o, 73o, 77u, 85o, 97o, 99o, 100o, 104o, 105ol, 105or, 103, 129,
135o, 137o
Copijn, Utrecht (Gartenarchitekturbüro, Holland): 42u, 49o, 49u
GAP Photos/Nicola Browne, Location: The Clock House, Coleshill, Wiltshire: 130
GAP Photos/Leigh Clapp, Location: Ringmer Park: 81
GAP Photos/Suzie Gibbons, Design: Philippa Lambert: 22ul
GAP Photos/Jerry Harpur, Design: Charles and Barbara Robinson: 136u
GAP Photos/Andrea Jones: 64o
GAP Photos/Clive Nichols: 53o
GAP Photos/Clive Nichols, Design: Tony Ridler: 45u
GAP Photos/S&O: 76o, 132
Holtkamp: 43o, 48u
John Glover/The Garden Collection: 111
Rogers: 89u, 107o, 143, 145, 152
Rothe: 46o, 118, 133o
Andrew Lawson/The Garden Collection: 58u, 68, 73u, 77o, 82o, 87u, 99u, 102
Andrew Lawson/The Garden Collection, Biggar Park Scotland: 98
Andrew Lawson/The Garden Collection, Bramdean House: 91o
Andrew Lawson/The Garden Collection, Design: Randal Anderson: 61u
Andrew Lawson/The Garden Collection, Design: Arabella Lennox-Boyd: 72u
Andrew Lawson/The Garden Collection, Design: Anthony Noel: 56
www.alitex.de: Glashäuser, in Spencer Swaffer Antiques, Arundel, England: 134o
www.renate-weber.de Gartenornamente: 108, 110, 125, 127u
www.scottsofthrampston.co.uk Gartenhäuser, England: 137u

Über die Autorin

Dr. Kristin Lammerting studierte Biologie und ist begeisterte Gärtnerin. Auf ihren Reisen besucht sie Gärten in der ganzen Welt und entdeckte ihre Liebe zu englischen Gärten. 1993 verwirklichte sie ihren Traum vom eigenen Englischen Garten in Köln. Kristin Lammertings Bücher wurden mehrfach mit dem Deutschen Gartenbuchpreis ausgezeichnet.
Weitere Informationen: www.englischer-garten-koeln.de

Impressum

Bibliografische Information der Deutschen Nationalbibliothek

Die Deutsche Nationalbibliothek verzeichnet diese Publikation in der Deutschen Nationalbibliografie; detaillierte bibliografische Daten sind im Internet über http://dnb.d-nb.de abrufbar.

2. Auflage

BLV Buchverlag
GmbH & Co. KG
80797 München

Umschlagkonzeption und Gestaltung: BLV Buchverlag
Umschlagfotos: Marianne Majerus Garden Images, hinten rechts; Andrew Lawson/Garden Collection: hinten links; National Trust und andere Organisationen in England: hinten Mitte

Lektorat: Rita Meixner
Herstellung: Hermann Maxant
Layoutkonzeption und Layout: Anton Walter, Gundelfingen
Satz: agentur walter, Gundelfingen

Gedruckt auf chlorfrei gebleichtem Papier

Printed in Slovakia

ISBN 978-3-8354-1576-8

Hinweis
Das vorliegende Buch wurde sorgfältig erarbeitet. Dennoch erfolgen alle Angaben ohne Gewähr. Weder Autorin noch Verlag können für eventuelle Nachteile oder Schäden, die aus den im Buch vorgestellten Informationen resultieren, eine Haftung übernehmen.

www.facebook.com/blv.verlag